基于系统动力学的城市人口预测

——以广州市为例

宁超乔　著

中国财经出版传媒集团

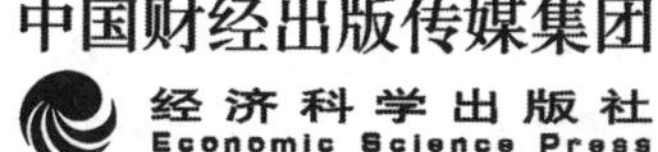

经济科学出版社
Economic Science Press

图书在版编目（CIP）数据

基于系统动力学的城市人口预测：以广州市为例/宁超乔著．—北京：经济科学出版社，2020.11
ISBN 978－7－5218－2095－9

Ⅰ.①基… Ⅱ.①宁… Ⅲ.①人口预测－研究－广州 Ⅳ.①C924.23

中国版本图书馆 CIP 数据核字（2020）第 225975 号

责任编辑：李　雪　刘　莎
责任校对：杨　海
责任印制：王世伟

基于系统动力学的城市人口预测
——以广州市为例
宁超乔　著
经济科学出版社出版、发行　新华书店经销
社址：北京市海淀区阜成路甲 28 号　邮编：100142
总编部电话：010－88191217　发行部电话：010－88191522
网址：www.esp.com.cn
电子邮箱：esp@esp.com.cn
天猫网店：经济科学出版社旗舰店
网址：http：//jjkxcbs.tmall.com
北京季蜂印刷有限公司印装
710×1000　16 开　14.25 印张　210000 字
2021 年 3 月第 1 版　2021 年 3 月第 1 次印刷
ISBN 978－7－5218－2095－9　定价：60.00 元

前　言

人口的变化发展是一个漫长的过程，短期而言人口变化的幅度相对较小，但诸多的人口指标与结构细微的变化都可能预告了未来另一种人口发展态势特性，因而需要既从宏观视野体察又以微观角度来进行观察、分析与科学预测。这种围绕着“人”而开展的科研活动，似乎与古希腊哲学家苏格拉底所说的“认识你自己”遥相呼应。是什么影响了当下人们生育的观念？是什么拉开了不同国家（地区）之间的人口年龄结构的差距？又是什么推进或阻碍了人口红利在经济上的积极作用？今日的哪些经济策略或城市发展规划是由过去的哪些人口特性决定的？抑或今日的哪些人口特性将继续深刻并长久地影响未来人口教育水平、职业选择以及跨城跨国迁移结构的形成？无论是为了人类自身的美好生活，还是为了取得更好的国家（地区）社会经济发展成效，人始终是社会的主体，脱离人口来谈论经济活动、社会活动、文化活动等都是没有意义的。认识了解、研究分析人口发展动态，就是将目光聚焦在“人”身上，在错综复杂的由诸多不同因素相互交织缠绕的关系中抽丝剥茧，洞察整理归纳出种种人口内外部的特性。因此认识我们人类自己，总结人口发展规律，辨析特定地区中的人口发展模式与特性，并据此展望未来、开展相应的预测以更有效率地指导规划当下的各项社会战略布局，具有基础性意义。

当前世界人口正处于一个日趋复杂多变的态势。人口增长虽然有所减缓但整体仍在持续，人口老龄化呈上升趋势，地区间人口劳动力结构日益差异多样化发展，城市化现代化进程日益深化，交通与网络的发展加速了城际及国际交流，人口流动愈加频繁，社会文化内涵朝个性化多元化迸发……人口发展面临诸多挑战与机遇，社会经济等一系列活动都离不开人口研究与预测。本课题基于对广州市人口发展与社会经济、文化、生态之间的相互影响关系的深切关照而展开，致力于为更好地给广州市制定未来人口政策、经济战略、社会建设、城市规划等提供专业性指引。通过文献综述、案例解析整理人口预测相关理论与实践案例，介绍人口预测的方法及相应优缺点，并利用系统动力学理论开展了对标2040年的人口预测研究，根据预测结果归纳人口特性、分析相应成因，并提出相应的政策建议。

本课题在研究立项与撰写过程中得到了广州市社会科学院内众多领导、学术研究员的大力支持，在此感谢他们的倾力帮助与宝贵意见。本书的成果尚是初步的，由于作者水平有限书中难免存在疏漏之处，恳请读者多多指正并期待业内学者们共同努力！

宁超乔

目　录

第一章

研究背景

人口是社会经济活动的主体，也是影响经济社会发展的重要因素。目前我国经济发展已进入新常态，城镇化转型进入发展的新阶段。以人口数量为内容的城镇化关系到城市容纳力和承载能力，人口的流向和结构转变对城市发展起到决定性作用。因此对城市人口发展的预测在当下变得非常重要。

科学的人口预测是洞悉人口发展变化的基础。人口预测是以人口发展的历史趋势及现状特征为基础，对未来人口的发展变化提出较为合理的假定条件，从而获得对未来人口的规模判断。人口预测一般选择合理的人口预测模型，从数量及其他人口结构指标上准确刻画未来情况。习近平总书记在党的十九大报告当中提出："促进生育政策和相关经济社会政策配套衔接，加强人口发展战略研究。积极应对人口老龄化，构建养老、孝老、敬老政策体系和社会环境，推进医养结合，加快老龄事业和产业发展。"人口预测为城市经济和社会发展决策提供了科学依据，对未来制定与社会经济发展相协调的健康人口发展计划有着决定性的意义。

在学术界，人口预测一直是城市规划和公共服务的基础和重要内容。在《住房和城乡建设部关于城市总体规划编制试点的指导意见》中"人口资源环境"被作为五大发展理念为导向的城市总体规划指标体系之首，《意见》中设置的45个指标中有17个指标直接或间接需要人口数据作为支撑。人口预测一般采用适当的预测方法（模型），在对影响城市未来人口发展变化的因素进行归纳和总结及量化的基础上，得出未来的人口预测结果，并基于此进行深入分析。关于人口预测方法、模型的研究，国内外学者已经进行过诸多的研究，很多城市也在规划实践和城市公共服务应用方面进行了有益的尝试。

在实践应用方面，国内外大城市的人口预测着眼中长期的时间尺度。许多发达国家和城市，已将未来的城市战略延伸到2030年、2040年、2050年，如《东京都长期愿景（2030）》《首尔规划2030》《巴黎大区2030》《大芝加哥区域框架2040》《纽约规划2050》等。这些计划纷纷以更长尺度、更高水平来审视国家和地区的未来发展，从而巩固或提高国家及主要城市在未来全球城市体系中的地位，其基础性工作是对未来人口状况进行预测研究。在国内，随着人口自然增长率逐年降低并趋于平稳，大城市人口流动和分布空间格局基本形成，短期内各城市人口变化较小。基于未来发展战略需要，北京、上海等大城市已率先进行中长期的战略研究，研究期限不再局限于五年或十年内的短期研究，而将时间轴延长至25年、30年、50年甚至百年。如目前的“上海2040”是中央城市工作会议召开后第一个展望至2040年并向国务院报批的超大城市总体规划，提出要在2040年将人口规模控制在2500万的目标。北京市也开展了“北京市2000~2050年人口预测”，预测结果作为“北京2049”规划建设的依据，对未来城市战略的制定起到重要作用。

人口预测对广州同样具有相当重要的意义。目前广州正在编制的《广州市城市总体规划（2021~2035）》所拟定的100个指标中，有25个指标以未来的人口数据为基础，其中，有5个指标直接与人口数据相关，有20个指标间接与人口数据相关，其中人口资源环境协调发展包含的9个指标中有4个指标涉及人口规模、人口老龄化、人口城镇化率等。在整体发展趋势上，广州市2015年1%人口抽样调查数据结果显示，广州市面临流入人口增速放缓、劳动力年龄人口比重首次下降、人口老龄化趋势加重等新情况。随着“全面二孩”政策的实施和全球产业升级竞争格局变化，对广州市人口总量和结构也产生重要影响。在此背景下对广州市2040年的人口规模及人口结构变化作中长期预测，对未来城市建设与城市发展具有重要意义。

研究通过梳理国内外人口预测文献，选择了9个国内学术界的案例进行分析，在实践应用上选择了《上海2010～2040年人口预测》《北京2000～2050年人口预测》《纽约2010～2040年人口预测》《伦敦2014～2041年人口预测》4个具有代表性的国内外中长期发展战略研究或规划中的人口预测案例。在借鉴国内外学术界与实践应用相关的人口预测研究案例后，比较了不同人口预测方法或模型的适用性、可行性，结合广州的城市发展阶段与人口变动特征，选取了系统动力学模型、对2040年广州市人口规模变化进行预测和分析。在此基础上，结合广州市未来城市发展战略、对广州2040年的人口发展提出相关政策性建议。

第二章

人口预测相关文献综述

第一节　人口预测及相关术语的含义

人口预测是从一个国家或地区的人口现状出发，考虑社会经济条件和人口政策对人口发展趋势的影响，用预测的方法对未来某一时期内的人口状况作出科学的推断（虞沈冠，1991）；是根据某一点的人口状态以及影响人口发展的各种因素的假设条件，按照人口过程发展的规律性，对未来人口规模、水平以及发展趋势所做的各种测算（向洪、张文贤、李开兴，1994）；是根据人口现状以及对影响人口发展的各种因素的假设，对未来人口的规模、水平和趋势所做的预测（毛况生，2000）；是以人口现状为基础，并对未来人口的发展趋势提出合理的控制要求和假定要求，即参数条件，来获得对未来人口数据发展趋势提出预报的技术或方法（钟庆才，2009）。人口预测参数，是反映两个联系的人口现象之间的相对固定的比例（系数），亦即人口预测模型中的变量因素的数值表现（向洪、张文贤、李开兴，1994）。这里所说的“系数”，反映的是数学模型意义上的、关于人口事件与人口状况之间的各种数量关系的数值。人口预测的参数选择主要是控制量的选择（马瀛通，1989），需要充分考虑社会、经济等各类要素对人口发展规律的影响。

从诸多关于人口预测的定义和阐释中可以看出，人口预测主要围绕三大方面展开：（1）研究现有人口状况；（2）掌握人口发展规律；（3）采用预测方法（导入参数等）获得未来人口发展趋势等相关情况。人口现状资料是人口预测的基础，对人口与其影响因素间相互关系的揭示及对各种因素未来可能变动的估计，则是人口预测成功与否的重要前提条件（温勇，2006）。虽然人口发展受多重因素影响，不同时期的社会经济、政治、思想观念等都各不相同，但这并不意味着人口发展没有其内在规律性。

人口预测与人口预报、人口估计和人口规划存在差别。虽然这四个概念之间互有联系，且都包含了对现有人口状况进行研究、对未来人口进行估计等流程，但在具体常用方法或具体目标上是不同的。人口预测最终估计得出的数据可被视为未来某一时间点或某一时间段中可能实现的实际人口。人口预报是人口预测的一种特例（高尔生，1992）。对当前人口状况的估计是人口估计所聚焦的主要任务，多数采用生命统计并利用人口登记等记录人口变化的资料数据作出估计。而人口预测着重的是未来的人口发展变化，但依然可以通过类似的方法反推以前的人口状况。人口规划在人口预报和估计的基础上，还需要同时考虑相关人口政策等带来的影响，并因应社会经济发展需要对当前或未来人口进行合理规划。人口预测是人口规划的基础。比如，为了实现对城市未来的科学规划与治理，需要对城市人口状况进行合理规划，并结合城市经济发展战略，因为城市内的各项基础设施和公共服务等资源的配置安排，无法脱离城市人口数量以及该城市的人口承载力等具体因素，而这些要素都需要进行判断预测才能得出，在获得这些要素预估结果后，城市规划决策者们才能进入下一步关于城市资源人均指标等的设计规划工作。人口预测实际上是以人口现状为基础，在主观意志控制下，为达到预先设置的目标而做的未来人口的估计。所有的预报、规划均属人口预测，而所有的人口预测并不都是人口预报或人口规划（刘延年，1991）。虞沈冠（1991）在其《区域人口预测》绪言中制图表示了人口预测与人口测算、人口设计、人口规划和人口优化之间的联系与区别（见图2－1）。

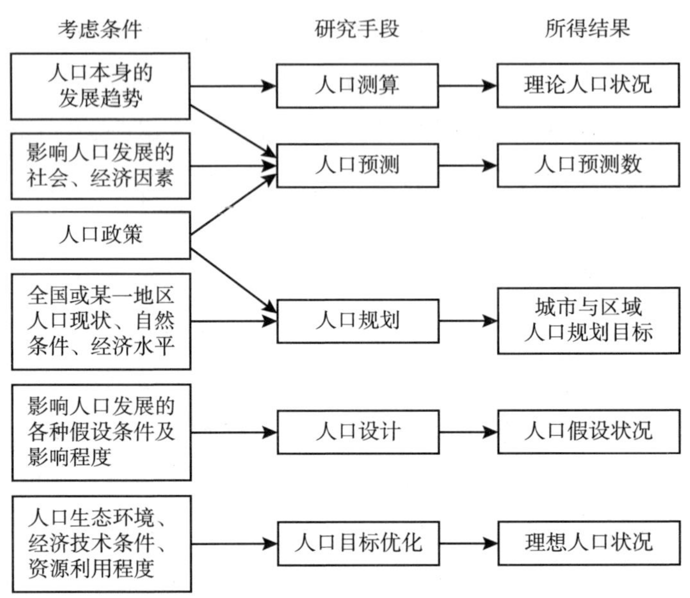

图2－1　人口预测与人口测算、人口设计、人口规划和人口优化之间的联系

资料来源：虞沈冠．区域人口预测［M］．南京：南京大学出版社，1991：绪言．

第二节　人口预测的类别及相应内容

一、按预测期长度分类

一般而言，以时间为划分标准，人口预测可分为三大类。5～10年为人口短期预测，10～25年为中期预测，25年以上为长期预测。也有部分学者认为10～30年为中期预测，30年以上为长期预测。

短期人口预测多数是为了用于短期社会经济分析或短期社会计划的制订，我国的经济和社会发展计划基本以5年为一个时间规划区间单位，因此全国性或地区性的五年计划通常与人口短期预测相联系。而长期预测主要应用在对水资源、森林资源、粮食供应、交通运输建设等资源或重大工程的发展规划上，又或者用于针对人口发展战略和未来长期的相关具体政策的规划制定上，目的是了解一段较长时间内的人口发展形势。

一般而言，人口预测的时间跨度不宜过长，这是因为人口预测工作建立在一系列前提假设下，所假定的稳定不变或按一定比率变化的要素趋势是一种相对理想的状况，因此当时间跨度太长时，期间这些假设中的人口要素变动的不确定性会增加，导致预测结果的偏差会加大，容易偏离未来实际。但这并不意味着准确率相对于中短期预测来说较低的长期预测不具备参考价值，长期预测对于展望未来、制定长期人口政策方针理念等有较高的指示性参考作用。联合国在1958年预测2000年世界人口将达到60亿，预测时间跨度约为42年，属于人口长期预测，实际上在1999年就已经达到了目标数据。这一预测的最终偏差不到5%。可见若采用了合理科学的预测方法，其预测结果准确率还是能达到比较高的水平的。

二、按预测范围分类

按空间尺度来划分，则可将人口预测划分为全域人口预测和区域人口预测。全域人口预测以不同空间大小而言，可分为全球性人口预测及全国性人口预测。开展全球人口预测研究工作的重要机构是联合国人口司，而全国人口预测则是各国重点开展的周期性工作，定期为其各项社会政策的制定提供和更新必需的人口数据和结构模型等资料。

区域人口预测，就是对一个或几个区域，根据某一期间已知的人口状况，按照一定假设，采用某种方法，推算其另一期间（或时点）可能出现的人口状况（王桂新，2000）。值得注意的是，广义的人口状况既包括以个人为单位的人口团组的状况，又包括以家庭为单位的人口团组的状况，一般所说的“人口预测”包括了这两种以不同量级为基础单位的人口预测。狭义而言，对以个人为单位的人口团组的状况进行预测的工作称为区域人口预测，而对以家庭为单位的人口团组的状况进行预测的工作称为区域家庭预测。本书所进行的基于系统动力学的广州 2040 年人口预测就是一种狭义的区域人口预测。

20 世纪 70 年代开始，国内外开始重视多区域间人口迁移的相关预测模型建立与研究。曾毅（1993）总结归纳了传统单区域人口预测与多区域人口预测的方法，并分析了多区域人口预测在我国城乡人口动态预测中的应用。美国人口学家罗杰斯（A. Rogers）在 1996 年出版的《多区域人口学：原理、方法和扩展》中，重点关注由区域间人口迁移流相联系的多区域人口的演变。他将“国家子区域”定义解读为共同组成全国总人口的区域人口，即把全国人口从空间上分解，从人口迁移的角度来开展区域人口状况的分析和预测，强调空间位置维度和动态变化。欧广源、雷于蓝（2006）建立了广东省珠三角、粤东、粤西和粤北四个区域的离散型开放的多区域人口预测模型，模拟在开放的人口系统之下 2000 ~ 2050 年广东人口在城镇化发展进程中的发展态势。这样的多区域人口预测模型既能描述出全省及各区域独立的人口总量及结构，又能结合各区域之间的互动作用分析出区域间的人口流动迁移再分布情况。

三、按人口要素分类

根据某一特定人口指标要素来开展人口预测是一种专门性较强的人口预测研究工作，通常是根据实际工作中的具体目的要求，选择一些相关的主要人口要素来进行预测。结合王桂新（2000）的分类框架，可将常见的某一特定要素专项预测研究归为以下几类：

（一）人口总量预测

对人口总数的推算是人口预测最基础性同时也是最重要的一项预测，这是一种宏观性的总体预测。这一预测过程中，除了预测计算某一时间点的人口数量，还涉及人口发展过程中可能的人口增长比率、速度等数据预测，同时也必然需要推测预算出生率、死亡率等。在不同研究案例中或许还需根据具体要求考虑纳入国际迁移、区域间人口流动等机械增长的情况。

（二）人口性别、年龄等自然属性的预测

了解把握人口性别、年龄等人口属性的情况同样是人口预测研究中的重要工作。

人口年龄预测一般需要考虑出生性别比。所谓出生性别比，通常是为便于观察与比较所定义的每百名出生女婴所相对的出生男婴数（马瀛通，1998）。若按不同主体来细分，则有人口出生性别比（按某一人口一定时期出生的婴儿总数而言）和分孩次出生性别比两个分类概念。联合国通常确认的出生性别比上下限值为102和107，这一值域涵盖了绝大多数的国家和地区，一般也充当衡量某一区域的性别比是否“正常”的指标。

至于对人口年龄结构的预测分析，人口老龄化预测是值得重视的议题。联合国在2013年对我国21世纪人口老龄化发展趋势做了预测；2014年我国人口老龄化态势与发展战略研究课题组探究了我国人口老龄化相关因素，通过建立多个老龄化预测模型，对我国人口老龄化状况进行分析、评估及预测，并介绍了国内外应对老龄化的经验与启迪，给出了制定相关人口战略的建议。

（三）人口社会经济特性的预测和不同社会经济特性的性别人口预测

人口的文化教育程度（学历）、婚育状况、职业状况、收入水平、常住地及户籍所在地等都可被视作人的社会经济特性，这些特性的变动比人的生理属性的变动频繁得多，且不确定性也比较大，因而预测也相对复杂。不过近十几年来国内外在这方面的研究及应用实践都不断深化，例如，20世纪80年代初我国就有学者开始通过建立以人口普查数据为基础的婚姻表来分析我国初婚模式的变迁。韦艳、董硕、姜全保在2013年发表的论文中就利用最近四次人口普查数据，采用净婚姻表分析构建了我国1981～2010年男女性初婚表，并通过比较分析，阐述了处于转型阶段的我国初婚模型的变迁发展趋势，与西方模式及亚洲模式之间存在的相似及相异之处。

（四）家庭数及其规模、结构的预测

在新家庭理论中，家庭被视为特殊的生产者、储蓄者和投资者，以往不大受到关注的家庭这个经济单元越来越受到重视。需要再次强调的是，广义的人口预测包括了以个人为单位的人口预测以及以家庭为单位的人口预测，因此针对家庭规模、结构等的人口预测同样值得投入科研精力。

在未来家庭结构职能等方面的预测，有不少值得留意的学说。20 世纪 60 年代一些美国学者针对西方世界独身主义的高涨、离婚率高、生育率低等状况提出了“家庭解体论”。而西方社会学的“家庭趋同论”是另一个关注家庭发展的学说。古德（William J. Goode）在 1965 年出版的《世界革命和家庭模式》中认为未来工业化对家庭制度的改变具有全球普适性，尽管不同国家或地区实行着不同的社会制度，但未来家庭婚姻的情况都会越来越趋同，比如朝着婚龄提高、家庭功能减少等方向发展。而未来学家托夫勒（Alvin Toffler）在 1980 年出版了引起学界轰动的《第三次浪潮》，该书注意到了科学技术以及家庭道德对家庭的重大影响，结合科学技术的发展和人类文化水平与婚姻家庭关系、社会经济发展之间的联系，来分析未来家庭可能具有的性质、结构、职能等。其中“回家论”（即回到家里工作）的提出继承并延伸了西方关于计算机在分裂家庭的命题，是建立在对电子工业不断发展壮大基础上的预见。这个论断与“电子家庭”的家庭革命论紧密联系。同时，他将家庭实体变化描述为一个自然历史发展过程，提出的“多元论”认为未来家庭的发展将从扩大化家庭走向核心家庭，继而过渡到多样化家庭，且阐述了不同家庭实体的结构及职能区别。虽然托夫勒的学说缺乏一定的科学性，但他紧抓时代发展潮流洞见了未来的家庭走向。类似的家庭预测学说理论提供了更多不同的视角，并能挖掘更隐蔽的不同要素之间的联系，有助于判断测定未来人口发展动向。例如，由于家庭职能的升级和社会关于男女地位的观念转变，妇女在一定程度上获得了更大的职业选择自由，从而影响了女性人口就业率及其职业结构的变化。

我国对家庭问题的研究与预测起步较晚，李青、傅颖在1996年围绕美国家庭问题进行了历史考察，评析了“家庭解体论”，尝试填补我国在美国家庭史跨文化研究领域的空白。论文《多维家庭人口预测模型的建立与应用》由曾毅、金沃泊、王正联于1998年发表，他们建立的多维家庭人口预测模型，在保证人口事件发生在男女性、长晚辈之间的一致性之外，还可同时用于预测家庭户、人口规模、结构及分布。王桂新、殷永元（2000）在对上海人口与可持续发展研究中，主要以调整承认男女年龄别户主率法的方法来对上海家庭户未来变动趋势进行预测。田丰（2011）根据家庭生命周期基本模型详细分析了我国1980～2000年间的家庭生命周期变化过程，按核心家庭历史划分为六个阶段，同时探究了对我国家庭规模及结构的影响因素，如社会制度、生育政策及经济发展等，此外还通过对人口普查数据进行分析而描述并解读我国家庭户的立户水平，就相关家庭生命周期研究热点提出建议。2006年上海社会科学院研究中心编撰收集了1980～2000年中国家庭研究相关论文，其中涉及我国家庭结构变动、家庭生活质量、家庭观念、婚姻关系与家庭网络、家庭研究方法论及应用等多个方面。

四、按采用的未来参数及其水平分类

王秀银（2001）认为按人口预测的未来数值，可将人口预测分为单方案预测和多方案预测。前者按分年龄生育率和分年龄死亡率变化的设想，推测今后人口发展趋势。由于仅有一个方案，没有提供其他供选择、比较的方案，因此难以判断该方案与实际或需要的贴合程度。而多方案预测则是根据参数值在一定时期内可能发生的变化，作出多种不同的设想结果推算。

一般而言，多方案预测会提出高、中、低三种方案，一方面是为了避免提供了过多方案从而增加选择的难度，另一方面是为了体现在不同参数数值下同一地区可能达到的不同的人口发展趋势，综合呈现人口发展的变动区间。高方案描述人口发展中可能达到的上限值，低方案则描述可能出现的下限值，高、低两种方案意在引起人们对人口发展极端结果的关注，而中方案则被视为是对未来可能性最大的人口发展状况的描述。例如，傅伯勋等人在广东省人口普查办公室和计划生育办公室的组织下，于1983年与有关部门、院校专家学者们，对未来70年广东人口开展了预测工作。其中分别以低、中、高三种方案对1981～2051年广东未来人口总数与增长速度、广东未来各年代育龄妇女人数及总和生育率、广东未来各年代出生、死亡人数及出生率、死亡率进行了推算。该课题组认为低方案适合用于描述广东未来人口态势。

五、按预测工作的需要分类

王桂新（2000）将区域人口预测按目的区分为三大类：趋势性预测，即依据某区域过去及当下的人口状况，对未来人口可能的发展趋势开展预测；警示性预测，即从区域人口自身控制、与社会经济的协调等方面，预测未来可能达到的人口规模对区域造成的不良影响，从而达到警示作用的预测工作；规划性预测，与警示性预测一样也从区域人口自身控制、与社会经济持续发展等角度切入，但其主要任务聚焦在预测为达到将来某一目标时，如实现区域人口和社会经济相协调等，与这一目标相匹配相适应的人口状况。

类似的人口预测分类被王秀银（2001）阐释为现实性预测与说明性（分析性）预测两类。前者是为满足制定人口计划工作的需要，而在现有条件下对今后一定时期内人口发展趋势，尽可能地作出比较符合实际的预测。而后者则更多出于警示未来人口发展过程中可能出现的不良情况的目的，去分析某个人口问题、论证某个人口方案的可行性。例如，关于二孩政策的研究讨论涉及对一胎化政策下未来我国人口发展状况的预测，其中对未来学龄人口数量、劳动人口结构、老龄化水平等对经济的影响成为了探讨的重点，因此这类研究分析预测侧重在探究具体的独生子女政策对我国未来经济社会、人口结构等的影响，并论证二胎政策的科学性与合理性。

此外，人口预测也可被分为人口数量预测和人口质量预测，按对应的预测方法即可分为定量预测和定性预测。前者主要根据人口现有数据资料，经过一系列统计和计算推导出人口总数、出生率、死亡率等人口指标数值等量化的数据。而后者则是对人口发展过程的规律及变化趋势作预测。

六、开放型与封闭型人口预测

开放型人口预测与封闭型人口预测之间的差异在于，是否将人口迁移或人口流动纳入考虑范围。为了获得更准确的人口预测结果，开放型人口预测将人口迁移放入模型框架中加以计算预测，这种预测方法多在城市人口预测中被采用，这是因为机械增长与自然增长一样都占据城市人口发展的重要地位。城市人口具有开放性，迁移人口数量作为一个受时间、经济、政策等各种不同因素影响的变量，在城市人口增长中占有不可忽视的重要位置。

与开放型与封闭型人口预测相关的预测模型，分为静态预测和动态预测两大类，它们是根据人口定量预测采取的基本方法区分的。静态预测依据现有人口状态，假设现有的人口状态参数不变或加以主观的调整来推测某一时间点的人口状态，计算相对简单。动态预测依赖数学模型的建立来解除人口发展方程，选择多个影响人口发展的主要因素来推演未来人口发展态势，操作相对复杂。前者在中短期预测中的准确度较高，后者则在中长期预测中具有较高精度。向丽华（2013）建立了区域可持续发展条件下人口空间均衡发展的理论框架，以武汉城市圈为研究对象，探讨其内部包括经济与人文、城市资源与人口等的均衡性。具体预测过程中，分别构建了静态与动态预测模型，以把握武汉城市圈内各城市的人口规模和人口空间变动趋势。静态预测模型，是将武汉城市圈置于一个封闭状态下，开展对其人口规模和分布的预测；动态预测模型则以开放型模型为前提，采用过去人口迁移研究中取得的成果来进行未来武汉城市圈的人口规模和分布趋势研究预测。

七、有控制预测与无控制预测

有控制预测是指根据现有人口状况，在采取一定的人口政策，实行一定的措施，提出一定的目标情况下预计未来人口发展的状况。无控制预测是以人口自然发展为前提，根据现有水平和对未来社会经济条件变化的估计，预计未来生育率和死亡率，进而对未来人口发展趋势进行预测（陈克式等，1991）。前者为达到有计划控制人口增长的目标服务，与我国计划生育工作密切结合；后者仅仅是对未来人口状况作一被动的估计。

第三节 人口预测的意义

历史是一个发展的过程，人口作为其中一种社会现象同样如此，当前的人口状况延续着过去的某些人口发展特性，而今日的人口状况也会为未来人口发展轨迹做铺垫。第二次世界大战后，人口预测被正式作为一门关乎未来社会经济发展的科学；而我国是在计划生育工作广泛开展时兴起并壮大发展了人口预测科学。产业革命以来，生产技术和生产规模等的调整与变化都迫使人们更多地去预测未来，了解供需动态变化趋势以更好地制定生产计划和产业发展战略。

随着人们对人口预测认识的深入，人口预测对未来人口状况的预估在诸多方面上的重大意义与参考价值被日渐肯定。人口发展是人类社会发展的重要基础问题，深刻理解人口预测的重要意义，有助于未来继续深化研究人口问题、提高人口预测相关技术水平、加大推进人口相关工作的支持力度，更好地为国家、社会的规划管理服务。在我国，人口预测的意义主要体现在以下方面。

一、作为制定社会经济发展战略的依据

劳动是第一生产力。人口是重要的劳动资源，因此从理论上分析人口数量、质量与生产资料的数量与质量之间的关系、发展形成等，有利于深化对现代社会经济生产的理解，并围绕人口这一劳动资源要素的角度，更新促进经济生产活动转型升级的方法和手段。此外，人口也是重要的消费主体，探究不同社会时期中人口与消费之间的关系，有助于探索人口与消费水平之间的动态规律。人口的生死婚育都是人类所有繁衍、再生产运动的基础，因此无论从宏观还是微观的角度来看，人口与经济之间的互动都需要重视。早在 18 世纪末，英国经济学家马尔萨斯（Malthus）就开始涉猎这一问题领域，承认了人口与经济互相制约的关系，并提出“人口在无妨碍时以几何级数率增加，生活资料以算数级数率增加”的论断，在其 1798 年出版的代表著作《人口原理》中写道：“人口增加，必须受生活资料的限制；生活资料增加，人口必增加；占优势的人口增加力，为贫穷及罪恶所抑压，致使现实人口与生活资料相平衡”。因此认为如果不抑制人口的增长，赶不上人口增长速度的生活资料生产将会造成饥荒等现象，出现资源不协调不充足的矛盾。他提出抑制人口的方式可分为积极抑制与道德抑制，前者指战争、瘟疫等疾病减少了现存人口，后者指采取晚婚、独身或禁欲控制人口增长（他支持后一种抑制方式，但并不提倡采取避孕措施，这一点在后来的新马尔萨斯主义人口论中被修正，新马尔萨斯主义者们改而提倡避孕节育）。马尔萨斯作为近代人口问题研究的先行者，虽然具有一定前瞻性，但不可避免地存在学术缺憾，他错误地将人口现象视为自然现象，将人口规律视为绝对的永恒的自然规律，且仅把人口与生产资料视作数字关系，忽略了社会性与历史性的参与。虽然马尔萨斯较为幼稚的庸俗人口经济学说遭到了与他同时期的古典经济学家西斯蒙第（Sisimondi）等的批判，也在后来受到马克思（Karl Heinrich Marx）等的批评，但马尔萨斯主义在经过弗朗西斯·普莱斯（Flahcis Place）和乔治·德赖斯戴尔等的修

正后，以新马尔萨斯主义的面貌继续在人口经济学界中得以继承、修正和改进。而同时期的古典经济学派的人口理论同样分析了资本主义社会人口与资本积累的关系、人口与收入的关系等，强调生产人口与非生产人口的比例，认为应减少后者的数量，并主张保持人口与生活资料的平衡。

社会生产方式决定人口规律。我国人口学家毛况生（2000）按内容将人口规律分为三大类：人口再生产规律，反映人口在生产整个过程和各个方面内在的必然联系；人口经济规律，反映生产力和生产关系对人口各种变动的影响；人口社会规律，反映各种社会因素与人口变动之间的本质联系。人口再生产是指人口不断更新，时代不断更替，人类自身得以延续和发展的过程（麻彦春、魏益华、齐艺莹，2007）。麻彦春等提出，当下主要的两种人口再生产模式为“强制性人口再生产模式”和“适应性人口再生产模式”。前者强调政府通过发挥其行政力量强制性地令社会人口朝某个确定的目标状况发展，因而社会成员是被动地接受政府的安排；后者则描述了一个由社会成员自主地实行符合社会经济发展需要的人口发展模式，较之前者能更好地发挥个人利益与社会利益相互紧密结合所产生的对社会经济发展更高效的积极作用。从全球范围来看，采取强制性模式的多数是发展中国家，而实施适应性模式的大部分是发达国家。麻彦春等认为目前我国实行的是以强制性为主、掺杂了部分适应性模式成分的人口再生产模式，需要创造一定条件促成我国人口再生产模式的转型升级，实现社会经济健康、持续、稳中有进的发展目标。达成这一目标需要人口预测研究工作的积极参与，掌握过去、当下及未来的人口再生产规律与可能的动态发展方向，这样才能更好地制定合理的社会经济、生产活动等相应的规划方案。因此，人口预测是基础性的重要前提研究工作。

区域人口预测，是制定区域社会经济发展规划、筹划生产经营活动的基础工作；区域人口预测结果，是制定区域社会经济发展规划、筹划生产经营活动的基本资料（王桂新，2000）。同时，由于人口预测将经济发展等政策方针纳入考量范围，因此人口预测工作也将对区域社会经济发展规划及政策实施对人口状况的影响进行测定与评估，所得的结果有利于回顾过去相关政策对人口发展状况的利弊，也有助于未来政策的落实与修正。产业布局、城市布局、劳动就业、人民生活等各方面的经济活动及目标，都与人口发展关系紧密，所以社会经济发展无法脱离对人口状况的研究了解。比如，徐学强（2013）在针对珠江三角洲的城市区域发展的研究中，对人口与产业的相互作用进行了探讨，分析珠三角的人口年龄结构、职业结构以及受教育结构的变化，涉及珠三角工业化、产业化、城市化、人力资源开发与管理等诸多方面。谌新民（2013）针对“民工荒”“技术荒”等劳动用工现象进行分析，结合珠三角向第三产业发展的产业结构转型背景，专门就珠江三角洲地区人口流动与产业结构开展了深入研究，并以广州市为例进行了特大城市人口调控和结构优化专题研究。而本课题所开展的对 2040 年广州市人口预测工作及报告结果，旨在为广州市明确未来区域社会经济发展方向及目标、提高指导生产经营活动的科学性和专业性提供必要的理论支撑。

实际上人口预测除了主要服务于政府组织的相关大型规划活动之外，也部分地被应用在私人公司的规划活动之中，比如商业公司为提高人力资源管理能力、为企业建立更完善的人才库、尽可能减少人员跳槽等现象，也会考虑进行小部分范围内的劳动人口预测与规划工作；又比如保险养老行业，为精确计算出不同种类的保险风险与回报绩效等，都需要开展专门的人口预测工作。

二、作为社会决策规划的出发点和参考依据

准确可靠的人口预测对社会决策与规划管理具有重要的支撑作用。除经济战略以外，社会的其他领域的安排与规划，如教育资源分配、劳动力资源管理、社会保障与福利、城市化战略等都与人口发展状况有着极紧密的联系。

人口年龄、性别等的分析预测，与众多社会发展议题相关。在教育

行业，人口年龄性别的研究预测，能通过年龄移算法来描述未来某一时间点青少年儿童比例的升降变化趋势。相关的数据分析报告，在很大程度上影响了社会对未来幼儿园、小学和初高中教育资源的分配、校区建设、教职工任免等工作规划。同时，由于人口要素之间的关联性，流动人口子女随父母迁移在外上学的学籍及户籍问题，也是当下和未来需要重点解决的具体人口问题。在私企房地产领域，甚至还影响到学区房的规划建造、楼价调控政策等。可以预想的是，将来或许还会有专门就未来人口所持有的学历文凭、就业形势等所开展的研究预测，将论及大学招生比例和专业设置等一系列教育政策。除了与教育相关，人口年龄性别预测及结构分析也与婚育相关。婚育适龄人口、婚育率等的数据及发展趋势都是制定婚育政策方针时的重要参考材料。

同样的，劳动力人口预测也是一个重要的预测议题。社会劳动力资源预测服务于社会发展规划、劳动政策、劳动力资源开发与管理等工作。需要指出的是，人口预测除了进行量化预测，也可以对质量方面展开预测，比如人口的社会道德、身体素质、科学技术水平、政治觉悟等。因此，劳动力人口预测包括了劳动适龄人口数量（自然人力资源）以及劳动力质量（人力资本管理），且随着人才、知识、科学等方面的研究越来越受到重视，日渐提高的劳动力素质越来越成为社会经济得以优化、持续发展的重要推动力。广州市计划委员会及中山大学市场经济与人口发展研究中心于1996年从社会可持续发展角度，对广州建设现代化国际大都市的目标与进程进行了详细分析，其中就可持续发展与劳动力规划预测展开了论述。该书转变了原有劳动力规划的指导思想，提出应该既将劳动力作为第一自变量来考虑社会经济的发展目标，又要利用“倒推法”将劳动力作为社会经济发展的从属变量，分别预测了2000～2010年广州市社会经济发展所需的第一、第二、第三产业劳动力以及劳动力需求的区域分布，同时还就更具体细化的人才需求预测、人才职业结构预测等作出了含义解释和方法论阐述。在基于对广州市的经济、人口、劳动力发展等的研究和预测之后，该课题组对广州市当时的人才战略、科教文卫旅体、社会保障社区服务、生态保护、基建社会管理等都进行了概述、分析及预测规划。可见，劳动力作为人口研究中的一个重要对象，其发展变动对社会各个方面都有着不同程度的影响，因此开展专门的劳动力人口预测研究与实践都是十分必要的，且对于与城市化、现代化、可持续发展相关的社会决策都有着不容忽视的参考和指导作用。

联合国《世界人口展望：2015 修订版》中，联合国人口学家作出了这样的假设：全球平均生育率将从目前每名妇女生育 2.5 胎降至 2030 年的 2.4 胎左右，以及 2100 年的 2.0 胎左右。然而这些假设预测存在较大的不确定性，尤其是涉及高生育率国家的预测结果的时候。人口学家表示，若平均生育率提高 0.5 胎，世界总人口将在 2050 年达到 160 亿，比在其报告中假设采用的平均生育率预测得出的结果高出了 50 亿。该报告强调，未来世界人口趋势在很大程度上将取决于未来生育率的发展趋势。回顾过往，世界总和生育率水平已经从 1970 ~ 1975 年间平均每名妇女 4.5 个子女，降至 2010 ~ 2015 年期间的 2.5 个子女。在这 30 ~ 45 年期间，大多数生育率过高的国家都积极采取了旨在降低生育率的政策，可见人口预测科学对于社会制定人口策略有较强的参考作用。如果不及时科学合理地制定及实施政策措施来控制管理未来生育率，无论是个人、地区，还是国家乃至全世界，都将受到一定的负面影响。这也正是人口预测具有前瞻性、警醒作用，以及能为全社会决策提供支撑的迷人之处。

人口预测涵盖多个社会领域，专项人口预测能为相应的专项社会决策提供必要的数据支撑和体系化的建议，从而帮助提高社会规划决策的科学性与可行性。蒋正华、史文钊（2016）团队建立了以人口模型为核心，集成人口、社会、经济、资源、环境、能源子系统的“人口与发展数学模型与综合决策支持系统”，内容涵盖了模型生命表拓展、多状态人口分析预测、多区域人口迁移流动预测、人口政策宏观预测和微观仿真等诸多重要技术，讲解分析了自组织理论、协同学理论、突变理论等系统理论，并讨论了“智慧城市”战略、大数据信息技术管理的研究与应用建设，进一步推动了我国人口发展决策走向科学化和智能化。

三、深化人口问题分析研究，促进人口科学自身发展

人口预测是编制人口规划、制定计划生育政策的重要前提和主要参考依据（马瀛通，1989）。区域人口预测服务于人类对自身的出生、死亡、迁移等发展过程的分析研究和管理（王桂新，2000）。研究、深化人口预测理论及应用除了为社会提供专业指导，也同样对人口科学自身的学科发展、人口问题分析、人口管理实践等有着极其重要的作用。

人口预测的理论框架和方法论具有关联性与共通性。比如最初更多侧重应用在死亡研究方面的生命表，后来也被用在了生育研究上。与其他学科一样，人口预测框架方法论的流变也是一个不断地被继承、修正及更新的过程。比如人口学中的马尔萨斯主义、新马尔萨斯主义到现代马尔萨斯主义的更新转化，理论家们应时代的变迁且随着不断开阔的视野，进一步促成了人口学说的完善，且令学派不断提高与所处的社会经济特性的切合程度，同时也使人口预测的精度和科学性得到不断提升。再者，人口预测与其他学科也进行了较多的跨学科互动，且人口学在发展过程中衍生出了人口经济学、人口社会学、人口伦理学、人口生物学、家庭人口学等众多分支，这些不同学科的方法论植入和不同视角的切入，都使得人口预测在不同程度上取得了更多的进步和启示。

值得再次指出的是，人口预测既将目光投向未来，也同样关注当下人口状况。此外也可以采用类似方法探索推测过去某一时间点的人口状况。历史人口数据考证可被视为人口预测在历史研究上的一个研究及应用方向，是一个人口预测与历史地理学进行跨学科互动研究的具体例子。由于受时空跨度的影响，以及历史时期上可能出现的数字错漏、传抄遗失等影响，历史上所记载的户口数难免与实际人口数存在差异，甚至在很长一段时间内都没有相关权威文献记录下某一历史时期的人口状况。美籍华人史学家何炳棣对明洪武元年到新中国成立后第一次人口普

查期间（1368～1953年）的中国人口展开了研究，并从社会制度、经济史的视角分析了影响中国人口增长的因素。葛剑雄主编的多卷《中国人口史》拥有极高的科研价值，对我国历代人口状况及特点作出了深入的探究及分析，并且就历代移民变迁的数量规模、历史过程、路线、意义及影响等进行了详细考辨及分析。张伟然（2016）总结归纳了1949～2014年我国历史地理学的最新研究成果，其中整理了我国历史人口数据考证技术的相关发展研究。对过往历史时期人口状况的评估是人口预测理论实践与历史地理学紧密结合的跨学科研究方向，这样的合作进一步扩大了人口预测的理论应用范围，促进了人口预测自身的发展，使得人口预测得以在其他学科领域发挥更多作用，提升了人口预测的多样化价值。

人口预测新学说理论的建立以及新计算方式或模型的产生，都促进了人口预测实践，提升了预测的精度与科学性。而人口预测应用与实践中遇到的新问题、面临的时代新背景、对技术提出的新要求等等，也都反过来推动鼓励人口预测理论、框架模型的更新与发展。比如，张二力、陈建利在1996年依据我国计划生育情况及避孕方式的选择特点，建立了考虑避孕因素的胎次持续时间生育模型，用于模拟避孕因素对出生数、生育模型及水平的影响。该模型模拟分析考量了我国两种主要的避孕措施：上避孕环及绝育。这有助于对比、探讨两种避孕方式对未来生育水平可能产生的影响。城市化研究中的人口预测，同样也是人口预测理论与应用对不断发展着的城市化、现代化等时代背景与社会现象的积极学术响应，通过密切地联系实际来更新、丰满自身理论体系，在模型计算中纳入更多实际城市规划中的影响因素，从而更精准地、更全面地推算分析城市化中的人口问题，以及人口与自然生态、社会经济、城市资源等一系列因素之间的关系。

作为给全球各国及地区提供决策建议的机构，联合国通过联合国人口司与人口基金的工作，对参与解决错综复杂的人口问题做了一系列工作。联合国人口司广集各种与人口问题密切相关的信息资料：国际迁移、城市发展、世界人口政策、婚育数据等，负责为世界上所有国家和地区编制联合国官方人口估计和预测，为会员国制定人口政策提供参考，促进提高会员国解决人口问题的能力，并通过各类统计活动增强相关联合国系统活动之间的协调。成立于 1969 年的人口基金承担联合国在促进人口方案中的领导作用，1994 年在开罗召开的国际人口与发展会议，明确详细地解读了人口基金的任务，即要更加重视人口问题中性别和人权的两个层面，同时人口基金也被授权在帮助各国执行会议的《行动纲领》中发挥领导作用。为了纪念 1987 年 7 月 11 日世界人口突破了 50 亿，联合国将每年的 7 月 11 日定为“世界人口日”。而在 2011 年 10 月，全球人口达到了 70 亿，人口基金发起了“70 亿行动”的全球运动。联合国的一系列人口学相关的问题研究及实践应用，除了为许多国家及地区的人口政策制定提供了重要的资料参考和方法论指导外，还为人口预测收集了大量基础数据材料，建立了多个专业预测模型并给出大量专家建议，同时也使更多人对人口科学有了更深的了解和认识。人口意识将在未来得到更完善的培养与深化，相信未来人口预测会随着人口意识的普遍提高、科研机构理论建设和应用实践经验的日益成熟、政府的日益重视等会在系统性、精确性、科学性等方面达到更高水平，并能更好地发现、探究分析、解决人口问题。

四、反映并促进提高城市承载力与抗灾防疫能力

人是社会活动的重要参与者，城市的建立与发展依赖于人，因而人也是城市的主体，脱离人口的城市研究是无法全面分析城市发展趋势的。我国作为城市化水平正不断提高的国家，不得不更多地重视人口与城市之间的互动关系。城市化发展是当下城市规划与管理的关注重点，将城市化水平预测与人口预测结合起来的研究及实践，也同样是目前人口问题研究的热点之一。城市管理规划离不开对未来城市人口发展趋势和特点的判断预测。

朱云成（1998）主编出版了国内首部专门研究我国城市人口的著

作，阐释了城市人口含义、划分，分析了我国城市人口生存环境条件及典型的城市市区人口分布特性，并深入剖析了城市人口的性别、年龄、文化程度、职业构成等的地域差异。该书还专门从微观角度以广州市区为例，分析了广州市的人口分布结构。郭秀云（2010）以上海为实证分析对象，从城市人口发展态势与承载力之间的矛盾切入，构建人口风险评价与监测体系，探究流动人口与城市发展之间的互动影响，并给出相关政策思路。王培安（2014）主编出版了中国特大城市人口规模调控研究报告，对北上广深四个特大城市的人口、经济、环境数据展开了深入分析，并提出了我国特大城市人口规模调控思路以供政府部门、研究机构等参考。周晓津、张强（2016）也同样对特大城市人口规模展开了调控与比较研究，除了总结归纳我国四个特大城市人口规模及增长趋势外，还对国内外特大城市人口规模控制的理论及实证进行了评述、分析及经验借鉴。翟宝辉（2016）对城市人口规模理论及预测方法、框架等进行了较为详细的综述，并创新地引入了复合生态系统思维，以北京为例，对其自然、经济、社会三个生态系统进行了辨识与解析，构建北京市生态承载力模型，进而分析其生态承载力与人口规模的关系。据近几年的相关研究分析，广东省作为发达地区，今后城市化道路需要继续改善城镇体系结构或布局，促进城乡一体化，加强城乡横向联系。要达成预定目标，首先需要控制中心城市的人口规模，根据人口结构来完善城市功能的更新升级，通过合理建设卫星城、扩散生产力布局等疏散部分市区人口，吸纳部分农村人口，促进区域整体现代化和城市化协调持续发展。

人口承载力，按联合国科教文组织和粮农组织的定义，是一个国家或地区在可预见的时期内，利用该地的能源、自然资源及智力、技术等条件，在保证符合社会文化准则的物质生活水平条件下，能持续供养的人口数量（UNESCO&FAD，1985）。承载力这一概念源于生态学，用于描述研究牧业草场的土地利用问题，后来随着马尔萨斯“人口过剩”的提出而被引入人口生态学，关于人口与资源如何达到均衡发展的研究也开始发展起来。与城市规划相关性较强的一个概念便是城市人口承载力，也可称为城市环境人口容量。随着我国城市化、现代化及工业化进程的深入开展，为更好地优化资源管理、提升城市人口质量、完善城市治理等，如何实现人口规模、结构与城市之间的可持续协调关系毫无疑问地成为了讨论的重点。石晓枫、郑冠凌、兰芬（2015）制表列举了影响城市人口承载力的因素，包括城市公共交通系统、城市能源供给与环卫基础设施、城市生态系统、城市自然与人文环境、城市经济发展水平与产业结构等八类，并归纳总结了直接与间接测算城市人口承载力的方法，同时也给出了城市总体规划环评中适宜人口规模与人口承载力的评价方法及案例。郭叶波（2016）对我国进行了城市人口吸纳能力研究，考察分析了我国六百多个城市的人口历史数据，并预测了未来我国城市人口吸纳能力的变动趋势。

人口预测与城市化研究的结合除了能科学预判未来城市人口状况的发展，模拟反映未来城市承载能力，为日后城市规划、城乡人口迁移等政策制定提供参考，还可以在实践过程中成为一个警示性或指导性的目标参考指标，使各部门在具体实施政策时，一旦出现偏离预测的不合理现象时，及时考察分析原因并作出相应对策。这不是说不符合预测结果的实际情况就表明现实情况不理想，也并不是说不符合实际的人口预测就是不准确的或失败的。由于人口预测是建立在一系列主观假设之上，尤其是在中长期人口预测中，假定在一段较长的时期内人口状况以相对稳定的态势或按某个比率发展，但未来的不确定性总有打破这些假设的可能性。就比如历史上的欧洲中世纪时期的黑死病、1976 年唐山大地震、2002 年“非典”的暴发、2011 年日本大海啸，又比如近期 COVID－19 新型冠状病毒全球范围内的大蔓延，都造成了大量人员伤亡，对部分地区的人口结构、就业选择等都产生了不同程度的影响。一般而言，在做人口预测时，往往很少考虑会有重大流行病或重大自然灾害在未来时期中暴发，因此，应当客观看待人口预测报告结果。随着全球普遍提升对 COVID－19 防疫及应急工作的重视，抗灾能力的培养与提高、灾害下人口发展趋势的模拟计算及模型建立、灾害及流行病对人口规模及结构的影响、抗灾防疫体制的建立等，或将成为未来人口预测中的重要议题。抗灾防疫能力从某个角度来说，可以被看作是人口承载力在智力、技术等方面的一个具体的体现。

非典时期已有不少学者尝试系统地通过建立模型推测重大传染病的扩散路径，并探讨抗灾防疫背景下的流动迁移人口管理的理念与实践。冯晓英（2003）论证了非典疫情对流动人口管理模式改革的影响，分析以往“分立并行”模式的弊端，并提出全民社会管理一体化模式的思路。而周云（2004）针对非典期间北京流动人口对非典流行病的预防知识的认知与行为进行了探究，调查分析表明外来人口对非典的认识了解水平参差不齐，同时他们对非典疫情多数保有乐观心态；其次从访谈中发现大众媒体等对普及防疫知识具有相当重要的作用。陈之强、马祖军在 2011 年利用系统动力学仿真软件比较了不同防控情形下演化的结果，研究表明在一定防控强度下，同时采取限制人口流动及实施隔离两种措施的效果，会比单独实施其中一种措施的效果要好，并验证了及早开始防控对控制疫情的积极作用。

2019 年底爆发的新型冠状病毒肺炎再次唤起了国内外对人口防疫的理论研究及实践应用的重视。李建军、何山（2020）通过建立实证模型，证实了更高的信息传播效率能降低人口流动对疫情传播的影响；同时应用烙印理论分析发现经历过非典防疫的居民具有更高的防疫素养。许小可等（2020）统计分析了新冠肺炎爆发前期武汉市外流人口的地理去向分布及影响，并比较以往正常年份春运离汉人口数据及动态趋势等，分析认为并不存在网络媒体炒作中的大批人口逃离武汉的情况。向云波、王圣云（2020）从人口流出的视角，通过采用地理信息技术分析 2020 年 1 月 1 日至 2020 年 3 月 5 日期间武汉市人口流出到 136 个目的城市的空间关系及特征，研究表明我国新冠疫情扩散经历了四个阶段，并将目的城市分为八种类型，且对我国未来新常态疫情防治精细化管理工作提出了建议。中山大学公共卫生学院王宣焯等人（2020）分析了广东省新冠肺炎早期流行与时空分布情况，统计发现广东省日发病率与迁入人口规模存在正相关关系。类似的统计研究和人口迁移流动数据追踪报告还有很多。此次新冠肺炎的爆发让各地政府不得不科学合理高效地建立防疫应急系统，专家学者们也都意识到了结合地理信息系统、人口预测系统等相关技术来更好地为防疫管理提供数据分析支撑和科学建议的重要性。

联合国则从关注经济平等、性别平等及其他更具人文关怀的角度，考察分析了 COVID－19 对区域人口的影响。例如 2020 年 4 月 1 日联合国西亚经济社会委员会发布称，受新冠疫情影响，预计阿拉伯地区将会有 830 万人口被迫成为新增的贫困人口。此外，调查数据及访谈报告显示，新冠疫情下西亚女性遭受家庭暴力的情况随着隔离封闭政策而日趋严峻，同时，西亚女性的失业率也比男性失业率高出两倍。分析表明，大量的医疗护理工作岗位如护士、药剂师、后勤人员等大多由女性来担任，而这些前线岗位直接受到疫情侵害的比例是很高的；即使是家庭主妇或不需要承担社会医疗保障职责的女性（包括未成年女性），她们在家庭中也必须承担孩童抚养卫健工作，在面临着抚养压力和家庭暴力压力的双重逼迫下，女性的生理及心理都受到不同程度的伤害。除了西亚地区，全球范围内其他地区也同样出现类似的问题。有不少公益组织呼吁并发起女性平等相关运动，为保障女性的权益而努力。在疫情高压下生存的女性很有可能形成新的职业规划、转变原有的婚姻选择及生育观念等等，这些细微的影响或许会在一段相对较长的未来时间内，反映在日后女性人口的从业结构、婚育率等变化上。

除了时下人口防疫控疾的热点外，自然环境灾害等对人口的影响同样受到关注。日本处于太平洋地震带，因而灾害预防应急是日本社会学家、人口学家等重点关注的一个领域，大矢根淳、浦野正树、田中淳（2017）等编撰的《灾害社会学导论》，其中对地震、海啸、核灾害等重大自然及人为灾害的预防、法令政策、危机管理等诸多方面进行了分析阐释，并就制度如何适应老龄化、人口缩减与巨大灾害、灾害与性别等关系进行了探讨。我国学者姜卫平、黄勇、陈佳鹏（2011）则主编整理了2009年联合国人口基金、国际环境和发展研究所及联合国人居署、人口司共同举办的“人口动态与气候变化”专家小组会议中的重要发言论文，编撰的论文涉及到人口规模与全球温室气体排放、人口决策及环境保护、气候灾害及移民、气候变化分析与人口数据等议题。可见，灾害与人口问题密不可分，正确认识灾害对人口的影响，有助于未来预测人口在极端灾害前可能受到的冲击，以便结合灾害预测及人口预测来更好地为制定灾害应急及管理工作服务。

简而言之，人口预测理论与工作都离不开对过去和当下人口状况、社会现象等的考察与研究，人口问题研究除了开展数据统计外也涉及对人口属性、结构、观念等的调查，不仅深化了对与人口自身相关的时事的认知与了解，对人口所集聚的城市区域环境及情况有了更充分的体认，也提高了人口预测的实用性。辅助管理规划、应急等工作，这些都深刻地反映在了与城市化、抗灾防疫等方面的联动研究与实践上。

第四节　人口预测的相关理论

由于我国人口预测科学的发展与我国计划生育政策关系密切，人口预测的相关理论与方法随着计划生育工作的深入开展，对我国生育率动态的持续关注等也日益成熟，从引进、全盘接受西方人口研究方法到结合我国实际国情发展更新人口预测研究理论，我国人口科学的视野得以不断开拓。

人口预测主要目的是为了研究人口未来的状况，预测一定时期内人口发展的状况及其规律性。虽然影响人口发展的因素有很多，但无论是研究预测性别构成、年龄构成、社会文化观念、人口经济政策等，都无法脱离出生率、死亡率和迁移率这三大影响人口增长的指标，因此，这三大人口指标是人口预测研究工作的基础和重点。

一、生育率理论研究与预测（以孩次递进比为例）

人口统计学技术与方法经历了大半个世纪的发展演变，从最初马尔萨斯的总人口增长模型，到莱斯利的人口性别年龄模型，再到后来的分性别、年龄以及孩次的孩次递进人口模型，随着社会对人口的重视和人口科学的进步发展，不同的参数和考虑因素被更新添加到人口数学模型中。其中，生育数量成为受关注度最高的因素之一，生育率成为人口预测工作中必须直面的研究对象。

20 世纪 50 年代法国人口统计学家路易·亨利（Louis Henry）在 1953 年提出了孩次递进比概念，即在同批妇女中，生育了不同孩次的妇女的递进比例关系。亨利的思路和计算模型是观察的同批妇女必须是已完成生育任务的妇女，一般使用 45 岁以上妇女的生育资料，计算出来的是一个描述队列妇女的终身生育结果的队列孩次递进比。亨利的这一孩次递进概念后来发展为两个分支，其中一支是美国东西方中心人口研究所的学者格里弗斯·弗尼（Griffith Feeney）、王丰等。他们根据中国 1987 年 1% 人口变动抽样调查资料，计算得出不同孩次妇女在各年份的生育概率，并运用所得结果分析中国妇女生育率的变化。弗尼的数学模型是以不同年龄妇女在同一年内的婚育资料为依据而推算的，以一批人的终身生育结果的时期孩次递进比（也称时间孩次递进比）为假设。尽管这一指标有其弊端（只有当妇女生育水平至少保持 35 年长期不变的情况下，才等同于一代人真实的队列指标），但它的长处尤为突出：由于排除了育龄妇女年龄结构、婚姻结构以及孩次结构的影响，这个指标比一般生育率和总和生育率能更详细准确地反映妇女生育水平，同时还能直观地看出该时期的社会经济、人口政策等对生育率水平的影响。随着计划生育政策的推行，孩次递进比的应用在我国 20 世纪八九十年代开始流行并发展壮大，不少学者开始运用该指标来试图解读中国妇女生育的变化及其原因，并尝试将该指标与各省地区的经济发展状况进行联系分析。如在我国迎来第三次生育高峰的人口结构变动背景下，1993 年安徽大学人口研究所学者解振明依据我国2‰生育节育抽样调查资料，通过描述80年代末我国妇女的孩次分布和递进关系并开展我国29个省区市的孩次递进比的区域分析，探索我国不同孩次妇女的生育特点，以及我国妇女生育率的地区差异及其原因。

同样延续了亨利孩次递进比概念，但提出了与弗尼的计算方法有所区别的孩次递进率方法的另一分支，是中国学者马瀛通、王彦祖、杨书章等人。在我国计划生育委员会的支持下，并通过跨单位合作，在积极吸收国内外人口预测相关理论方法与计算模型等各类研究成果的基础上，创立了分孩次递进生育率指标体系，即以分孩次总和递进生育率为控制量的递进人口发展预测模型和分析方法。这一被称作“新理论”的指标系统和方法论，被公认为中国人口科学对世界人口科学的一大贡献，在人口预测的科学性、准确性和实用性上极其突出，其理论方法受益于我国计划生育与人口控制政策推进工作，拥有深厚的实践基础。这一理论又衍生出了孩次性别递进概念及相关研究，关注妇女曾经生育的孩子数量及性别对其未来生育行为的影响，我国学者杨书章、王广州、马瀛通等都对此进行过研究并建立相关指标体系。而美国生物统计学家蒋和范·伯格（C. L. Chiang & B. J. Van Berg）在1982年提出了一个相对简单的孩次递进比的计算方法，仅需要妇女每产次所生孩子的数目及各产次妇女的平均年龄等资料。1993年我国人口学家陈友华在蒋（C. L Chiang）的模型基础上，提出了包含结婚与死亡因素的孩次递进比数学模型。

随着社会的发展以及对人口问题研究的深入开展，关于生育的预测理论模型与研究得到了更好的改进和完善，为人口预测的理论研究与实践工作提供了坚实的支撑。

二、死亡率理论研究与预测（以模型生命表为例）

死亡率是人口统计与预测中的另一重要热点，而死亡研究中生命表是其中一个重要的研究框架。生命表是反映某一时期某一人口死亡和生存水平的，通常是一个国家或地区使用人口普查或抽样调查数据，从假定队列的视角、利用一定时期的数据，以人口年龄别死亡率为基础而编制的。年龄别死亡数据是编制生命表最基础的信息（李建新、刘瑞平、张莉，2018）。

生命表最初起源于1603年底开始每周出版的记录每周出生和死亡情况的《死亡表》。这些生命表的数据记录成为1662年格朗特（John Graunt）出版的《对死亡表的自然观察和政治观察》一书中的重要原始分析材料。该书预报瘟疫的发展状况，同时认为虽就具体个体而言人的生命难以预测，但就某一个群体而言则能开展寿命预测，并绘制了一张依据死亡原因分类的死亡人数的生命表。世界公认的第一张生命表则诞生于哈雷（Edmond Halley）之手，他于1693年根据1687～1691年的出生与死亡人数数据完成了绘制。

模型生命表的历史发展历程可以由四大体系来概括。第一套模型生命表于1955年由联合国人口司根据158张实际生命表构造编制出来，但由于其所采用的生命表可靠性不统一，以及模型本身缺乏灵活性，因而很少被后人采用。1966年寇尔－德曼区域模型生命表被提出，寇尔（A. J. Coale）和德曼将192张实际生命表分为四大类，并编织成东方（德奥意等）、北方（瑞挪冰）、南方（西葡意）、西方（被认为是最通用的死亡模式）四种模型生命表。1969年莱德曼（S. Ledermann）基于他与布瑞斯（Breas）在1959年对生命表的因子分析结果，采用回归分析方法编制了一系列单参数与双参数的模型生命表。不同于前述的三种基于实际生命表编制的模型，罗吉特（Logit）生命表系统能运用数学变换将两个不同的生命表联系起来，只需通过选择恰当的参数值，即可利用线性函数推演出许多套生命表，这使得许多缺乏死亡率资料或数据可靠性不够高的国家或地区省去了收集大量基础数据、运算、制表等繁杂的工作。

而1979年布拉德利·埃弗龙（Bradley Efron）在整理前人研究之时还提出了Bootstrap法。这是一种通过对观测信息进行多次回放的简单随机抽样，从而统计推断出总体分布特性的非参数统计方法，这一方法由魏宗舒于1980年首次介绍进国内，且至今都在生命表编制中占据重要地位。1992年罗纳尔多（Lee Ronald D.）和劳伦斯（Carter Lawrence R.）提出了经典的预测死亡率的随机方法，学界称之为Lee - Carter模型，通过考虑时间和年龄对死亡率的影响，来推算特定年龄死亡率的对数与时间因子和确定年龄因子之间的关系，这一模型在死亡率预测以及生命表编制过程中都被广泛应用，甚至也被援引改进用作生育率外推预测。

生命表被引入我国最早或可追溯至罗志如在1934年出版的《生命表编制法》，该书介绍梳理了生命表所需的材料、编制原理及计算方法等。我国在生命表编制与应用方面较国外起步较晚，但随着人口科学的发展以及改革开放的深入推进，生命表的编制与应用愈加体系化，魏志纯、杨笑（1988）继续细化生命表的概念及分类、建立方法，并以20世纪六七十年代中国台湾和澳大利亚编制生命表的案例来分析其应用。

魏志纯等（1988）认为生命表可按所参考的时间分为两大类，第一类称为当前或时期生命表，第二类称为世代或群生命表。前者用于描述假设的而非实际的人口，在一个特定的短时期内分年龄性别的综合死亡经历；后者则依某一特定人群所经历的死亡率建立，用来分析一批人从出生到全部死亡的连续的死亡经历，虽然所需的数据时间跨度很长且工作量、难度都比较大，但在死亡预测及趋势研究、生育及繁衍的相关测定上都有很高的参考价值。而按表中所使用的年龄区间的大小，又可分为完整生命表（以1岁为一个年龄区间，包含从出生到死亡）和节略生命表（通常以5或10岁为一个年龄区间）。此外还有标准生命表和多元衰减生命表两种，前者只涉及分年龄别的一般死亡经历，后者描述一个初始人群数量受一个或一个以上因素影响后而减少的状况，比如学龄人口受计划生育政策或死亡后减少。曾毅（1993）介绍整理了单递减生命表和多递减生命表的计算及应用，同时也梳理了不同模型生命表国内外研究及应用的发展流变。孙佳美（2013）归纳整理了生命表编制中常用的数值分析方法，探讨了死亡率修匀的理论及方法，并专就 Bootstrap 方法及其在生命表中的应用做了详细讨论，此外还结合具体案例分析了生命表的应用。生命表在当代被广泛应用在保险养老金等行业，因此在保险业界语境中，可被分为国民生命表和经验生命表两种（修波，2014）。前者根据全国或地区人口死亡统计数据编制，反映特定时期内全国人口寿命状况；后者根据社会保险、人寿保险等以往的死亡记录编制。由于国民生命表没有将保险的风险选择纳入考量范围，因而在保险实务中一般采用经验生命表。同时，也可以根据应用范围的不同而编制寿险生命表、年金生命表、男性或女性的生命表等。比如基于我国 2010 年第六次人口普查数据和我国的城乡二元机构，李建新、刘瑞平及张莉（2018）分析了死亡水平内部规律性，通过建立稳定的函数关系式调整横向婴幼儿死亡率，并比较以往调整的结果，探究各类模型生命表调整的合理性，此外，还绘制出我国分城乡分性别生命表。

可见，生命表的理论模型和实践应用的演变是一个长期不断更新、完善的过程。这也使得死亡研究与应用也随之越来越完备与广泛。

三、人口迁移理论研究与预测

不同于属于自然变动的生育和死亡，属于机械变动的人口迁移是三大影响人口增长的因素中最难预测的人口因素，因为它更容易受到人为作用的影响，欠缺规律性，具有较强的突发性和不稳定性。但人口迁移是经济社会发展活动的风向标，世界历史的发展表明，各国经济的壮大阶段都伴随着大量的人口迁移现象，如第一次工业革命中的英国，无论是圈地运动的政策影响还是蒸汽时代的迅猛发展、工厂的迅速建设，都驱使农业人口向城市工人身份转变；我国改革开放尤其是 90 年代市场化经济的转型，同样涌现出一批又一批的人口迁移热潮。因此，人口迁移是人口预测研究工作必须予以重视的一个领域。

人口迁移分为国际迁移与国内迁移，变动往往与政策及其实施效果有关。同时，人具有趋利性，倾向于从较落后的地区迁移至基础设施较完善的发达地区，比如农村人口进入城市入学、居住、工作等。关于人口迁移与人口流动的概念定义，国内外有不同的理解。许多国家由于没有建立中国式的户籍制度，因而它们的定义中不包含对“户籍”的考虑，主要围绕人口流动的地理边界和人口离开原居住地的时长，流动与迁移经常互相充当可替换的同义词。而我国由于需要结合户籍制度来管理人口，因此我国关于人口迁移和人口流动的定义从本质上是存在差异的。孙福滨、李怀祖（2000）和谌新民（2013）倾向于将人口流动定义为不以改变原居住地为目的的跨越一定地区的人口移动行为（包括工作、学习、旅行、探亲等行为）；将人口迁移定义为改变经常居住地的人口流动行为，包括户籍性迁移和非户籍性迁移。

国外较为体系化的人口迁移研究最早可追溯至一篇由英国地理学家莱温斯坦（E. G. Ravenstein）于 1885 年发表的名为《人口迁移规律》的论文。至今仍受重视的人口迁移理论是 1938 年赫伯尔提出了推力－拉力模型，该理论认为迁移发生的原因是由于迁移者受到原居住地的推力或排斥力以及迁入地的拉力或吸引力交互作用。1946 年社会学家齐夫（G. K. Zipf）提出了预测人口迁移的引力模型，该模型认为人口迁移量与迁出、迁入地人口成正相关关系，而与两地之间的距离呈负相关关系。而推力与拉力的生效成因在 1959 年由人口学家博格（D. J. Bouge）进一步细化。他的理论模型受到后继许多研究者的修正和补充改进，如西米尼（Filippo Simini）等在 2012 年发表的论文中指出了引力模型的局限性，如缺乏严密推导过程、具有系统性预测误差、无法解释两地间迁移人口数量的起伏现象等，进而通过假设人们倾向于就近寻找工作机会（尽管该工作的收益不是最好的）而提出了辐射模型，其中介绍的参数自由化模型能预测流动与交通模式，并由于依赖精确性较高的人口密度估计而提高了人口迁移预测的准确性。比如，迁出地的工作平台不够好，而迁入地的劳动市场更广阔且工资福利更好等。此理论模型成为许多人口迁移研究及预测工作的基础框架，其后学界又继续完善了该理论模型，引入了不同的人口学相关变量及影响因素，如性别、年龄、受教育程度、政策、帮助寻找工作的人际网络、社会心理因素、文化差异与文化适应力等。经济活动与人口的密切关系使得劳动力迁移日益成为经济学家们关心的重要领域，如新古典经济学家李维斯在 1954 年针对发展中国家的经济状况，提出了在工业重心现代部门和农业重心传统部门之间的劳动力转移的二元经济模型。1977 年哈格特等学者考虑了其他非经济因素对劳动力迁移的影响，如格罗格尔和汉森（Grogger & Hanson）在 2011 年通过收入最大化模型分别解释了教育程度和劳动技能在劳动力国际迁移中的正向选择及正向分类作用。人口二次迁移（又称再迁移）研究同样值得关注，此概念是指个体第一次迁移后又经历了一次或多次迁移，包括回归迁移（从原居住地迁出后又返回原居住地）和循环迁移（个体在家乡与另一地区之间多次反复迁移）两种类型。人口再迁移相关研究与预测在城乡人口结构、移民管理等研究中占据重要地位，因而近年来成为人口研究和预测的热点，不少学者对不同国家及地区的二次迁移现象进行了分析研究。除了经济因素的影响之外，在人口向乡村迁移的研究中，斯托克达勒（Stockdale）等在 2013 年的研究中发现童年记忆和早期生活体验对北爱尔兰中年人未来生命阶段的决策影响。此外，子女教育和父母抚养问题、合法身份是否能顺利获取等因素，都在迪斯皮克等（Predojevic - Despic et al. ，2016）以塞尔维亚和阿尔巴尼亚回迁者为范本的研究中被证实是会影响回迁行为的重要原因。

我国关于人口分布迁移的研究起步不算晚，1935 年胡焕庸在其《中国人口之分布》中提出以瑷珲 - 腾冲为人口地理分界线，数据表明，约 6% 的人口居住于西北部，约 94% 的人口居住于东南部，而西北 - 东南这两大地理分区所占的国土面积分别是 57. 1% 和 42. 9% 。全国八大人口区的划分同样也由他提出，他还进而分析探讨了城市群的人口分布及变动的趋势与相关原因。改革开放后国内人口流动及迁移更加活跃，因此近年来国内学者对人口迁移投入了较多的科研精力。国内人口迁移研究多从人口迁移的数量规模、空间布局、迁移人员内部结构及影响因素等展开，同时也关注人口流动与城镇化、老龄化及人力资本等之间的关系研究。虞沈冠在其1991年出版的《区域人口预测》中，对人口迁移及计算机区域人口分布预测作了较为详细的方法论综述及知识梳理，介绍整理了国内外关于人口迁移的年龄、距离、引力、转移矩阵等的一系列人口迁移模型。宏观研究方面，国内学者大多采用推拉理论作为分析框架来探究人口迁移中劳动力从业结构、区域经济发展水平及城市化水平等。微观研究方面，国内学者如王钰、陈雯、袁丰（2014）以长三角地区的人口迁移及演化为研究对象，分析研究并总结长三角地区人口网络及特点，并分析人口迁移网络从均质离散－单核心集聚－多核心等级网络－链式空间网络四阶段的演化成因。陈雯、孙伟、袁丰（2018）利用冷热点（cold spots and hot spots）结合人口分布数据测度识别区域人口空间集散特征，结果表明长三角由少数中心城市主导的人口发展格局没有被打破；同时，他们总结了人口迁移的测度指标与算法，采用QAP相关分析方法，绘制城市人口空间迁移网络拓扑结构图，总结人口流动和迁移结构特征。

四、人口发展理论及模型简述

人口发展理论及模型自17世纪中叶兴起以来就日益繁盛，不同学科领域的专家学者也参与到人口学说的探索、建立与完善工作之中。各历史时期不同的人口发展相关理论与模型涉及不同时代对人口现象的分析理解，体现着不同时期对人口发展规律的认知。熟悉理解这些学说的发展历程有助于不断更新人口预测理论研究与实践工作。

不同学派在人口问题研究上采取的视角及方法论各有不同，也各有所长，有利于在开展预测研究与实践中兼顾平衡各种不同人口要素与属性。从斯宾塞“物竞天择，适者生存”的生物进化论引入社会学，到珀尔的“人口海绵说”，再到基尼的“人口的循环上升和下降”学说，生物学派人口论都强调了人的生命过程的阶段性。虽然纯粹从生物学角度出发来研究人口问题会存在一定弊端，容易误将人口发展等同于生物发展，但其理论框架对人口的生物属性的重视，为后续的对人口素质和影响生育率的生理因素等的研究工作奠定了基础。而社会学派人口论则侧重于将人口现象与各社会因素相结合来探讨。斯宾塞同样参与了人口社会学的理论建设，他断言个体发展同种族延续成反比，带有生物学色彩；杜蒙特（Ar-sene Dumont）的“社会毛细管人口论”认为由于人们要提高自身社会地位和经济地位的欲望日益强烈，社会出生率会随着文明的进步而降低。而社会学派人口理论的缺陷在于过分夸大了人口在社会发展中的决定作用。数理学派人口论运用统计、数学方法研究并使用数学语言对人口现象及规律进行表述。“近代统计学之父”阿道夫·凯特勒（Lambert Adolphe Quételet）将概率论引入人口研究，并在其1835年出版的《论人类及其能力之发展》中提出了“平均人”概念，即运用统计方法计算出人体各种性质标志的总和平均值。在他看来，“平均人”并非一个抽象的存在而是一个完全现实的、代表了实际值的存在。1907年洛特卡（A. T. Lotka）提出并论证了稳定人口理论，该理论认为在封闭的人口系统中，人口的出生率和死亡率保持稳定，人口总数以固定的速率持续增加或减少。相比起静止人口模型，稳定人口理论模型更接近事实，因而也成为当下人口预测与人口数据分析中重要的研究框架和方法。但数理学派人口学说的缺陷在于将人口发展视为不受社会生产方式制约的单纯数量变化过程，忽视了对人口现象进行因果分析。可见，无论哪个学科学派对人口现象的理论分析和模型框架都具有其利弊，但不同学派在人口问题研究上的重心都为人口预测奠定了基础，提供了方法论参考和指导，并给予不少可贵的启示。

人口与经济活动密不可分，经济学家也较早地开始注意到人口、劳动力与生产、消费、产业结构、经济政策等之间的关系，并建立了一系列人口经济学说及人口经济发展模型，经济学派人口理论丰富庞杂，18世纪重要的主要学说在前文论及人口预测在经济发展方面的意义时已提及，此处不作重复。而到了19世纪末20世纪初，多数西方资本主义国家已完成由农业国向工业国的转变，同时当时被称为“人口革命”的人口出生率及死亡率都大幅下降的现象引起了高度关注，经济学家们就当时的人口与经济发展状况展开了新一轮的人口经济学研究。坎南（Edwin Cannan）在其《初等政治经济学》（1888）以及《财富论》（1928）两部著作中对“适度人口”进行了探究，而学界一般公认在1910年发表了《适度人口》的威克塞尔（Knut Wicksell）才是明确提出这一概念的经济学家，他认为一国所允许的最大规模生产和农业资源供应粮食的能力就意味着“适度人口”。其后，1922年卡尔－桑德斯（A. M. Carr－Saunders）更具体地对适度人口进行系统阐释，并提出“适度密度”；1938年费伦奇又提出了人口适度质量概念；现代适度人口论代表学者索维（Alfred Sauvy）将该理论扩展到非经济领域，为适度人口设定了九项特定“指标”，并建立“实力适度人口”理论，主张一国的实力会随经济的发展而变化。尽管这一理论错误地抛开了社会制度来考察人口与经济的关系，将人口夸大为是社会发展的决定因素，但它对指导国家或地区的可持续发展具有重要意义，涉及众多与人口预测密切相关的话题，比如土地承载力、淡水资源、森林资源等与未来人口状况如何达成协调等。

对我国人口发展理论和人口政策规划制定影响较大的是马克思主义人口理论。虽然马克思和恩格斯并没有写过专门针对人口问题研究的论著，但他们关于人口的学说可从其《政治经济学批判大纲》《英国工人阶级状况》等书中总结得出。张纯元（1986）主编整理了马克思主义及其相关的人口思想史；孙大志（2015）归纳并研究了马克思主义哲学历程及对当代中国的启示，梳理了马克思恩格斯人口发展与社会发展理论的主要观点：社会生产方式决定人口的发展，人口的发展也对社会生产方式具有反作用。马克思、恩格斯人口论建立在对马尔萨斯人口论的驳斥上，对资本主义人口问题进行了研究，并着重就相对过剩人口展开了论述。他们的过剩人口论与社会生产活动及生产关系紧密结合，认为资本积累是产生相对过剩人口的原因，资本主义制度下扩大再生产需追加的劳动力不需要等待工人绝对总数的增加，而是能直接由过剩劳动力（产业后备军）提供。过剩劳动力还涉及对流动人口的研究。马克思恩格斯也对城市化及人口迁移进行了探究。马克思主义人口发展理论对我国人口政策的规划制定产生重大影响，朱秋莲（2015）针对新中国人口生育政策的变迁开展了专题探究，讨论新中国生育政策参考的理论依据、产生与实施、政策取向的转变等，并分析预测了未来人口生育政策的抉择。

人口发展模型的建立与讨论同样是人口预测关注的重点。人口转变论形成于20世纪30年代，利用出生和死亡状况及对比关系，将经济发展纳入考虑范围，通过对历史的和当下的人口状况的描述性分析，推导人口发展的未来趋势，是人口预测研究与实践的重要参考框架，其影响一直持续到现在。兰德里（Adolphe Landry）在其《人口革命》论文中为人口转变论的产生奠定了基础，他将人口发展过程分为原始、中期和现代三大阶段。不同于兰德里从历史发展角度对人口转变进行纵向分析，1930年汤姆逊（Warren Thompson）出版的《人口问题》，从区域差异的视角横向地以三分法具体阐释了“人口转变论”：（1）HHL高增长阶段，即高出生率、高死亡率和低增长率，代表采集狩猎经济相适应的原始人口再生产类型；（2）HLH过渡阶段，即高出生率、低死亡率和高增长率，代表与农业经济相适应的传统人口再生产类型；（3）LLL阶段，即低出生率、低死亡率和低增长率阶段，代表与现代工业经济相适的现代人口再生产类型。1945年诺特斯坦（Frank Wallace Notestein）将人口转变划分为四大阶段：（1）前工业化阶段，高出生率，略有起伏波动的高死亡率，低自然增长率；（2）工业化初期阶段，高出生率，加快下降的死亡率，逐步上升的自然增长率；（3）进一步工业化阶段，出生率和死亡率继续下降，自然增长率依然保持高水平；（4）完全工业化阶段，低出生率、低死亡率和低自然增长率。诺特斯坦以经济现代化的角度来分析人口转变，并认为发展中国家更应通过发展生产而不是单纯控制人口来解决贫困问题。此外，还讨论了现代技术、医疗进步、家庭职能转变、妇女地位的提高、儿童抚养成本的增加等对生育、死亡及人口自然增长的影响。不少人口经济学家都继续对人口转变模型进行完善和修正，如金德尔伯格（C. P. Kindelberger）、赫里克（Brace Herrick）和彼得（Carrie Peter）、拉金（Robert Larkin）等，其中，现今较为流行的模型是布莱克尔（C. P. Blacker）的人口转变论五阶段模型（请参见图2－2）。

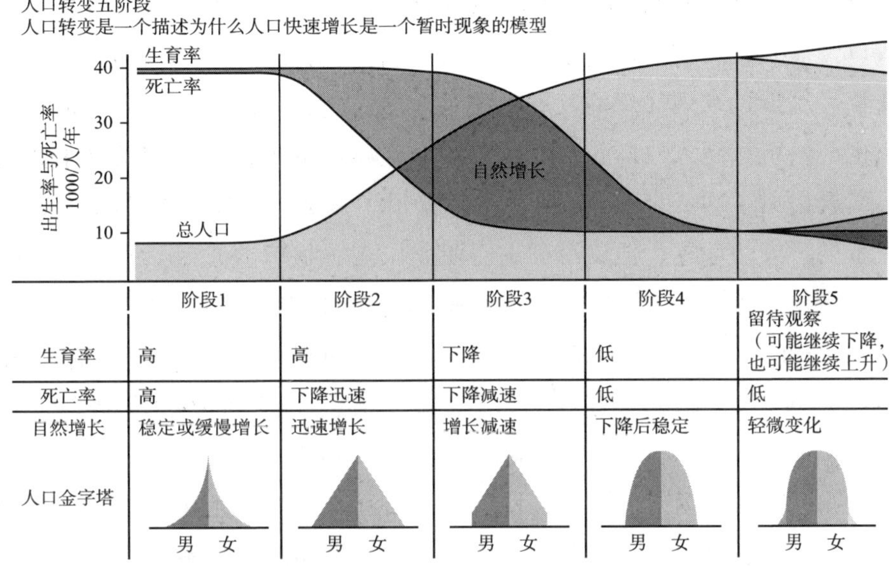

图2－2　布拉克尔（C. P. Blacker）人口转变论五阶段模型

资料来源：Max Roser，Hannah Ritchie and Esteban Ortiz－Ospina（2013） － “World Population Growth”. Published online at Our World In Data. org. Retrieved from：https：//ourworldindata. org/world－population－growth［Online Resource］.

（1）高水平静止阶段（High Stationary）：高出生率，高死亡率，人口自然增长率接近于零。

（2）初期扩张阶段（Early Expanding）：出生率仍保持高水平，死亡率随着经济发展而降低，人口自然增长率加速增长。

（3）后期扩张阶段（Late Expanding）：出生率开始下降，死亡率继续下降并向最低限度靠近，人口自然增长率先扩后缩。

（4）低水平静止阶段（Low Stationary）：出生率和死亡率保持在低水平，人口自然增长率逐渐下降并再次处于相对静止状态。

（5）减退阶段（Diminishing）：出生率继续下降并有可能低于死亡率水平，但未来人口的发展具有不确定性，有可能呈总体负增长状态，也有可能呈正增长状态，这要视各国采取的人口政策。

此人口转变论适合用来描述发展中国家及发达国家的人口再生产发展状况，且已被众多人口历史发展案例证实，也被当作划分世界各国的人口发展模式的科学经验法，在人口预测中同样有着广泛应用。随着工业化、城市化及现代化的发展，面对地球人满为患的境地，不少人口学家也开始留意到人口增长与经济发展对环境的负面影响，现代马尔萨斯主义者提出了“人口爆炸论”，虽然警示了未来可能面临资源枯竭、环境重度污染的危机，但这个理论将亚非拉落后状态的原因归结为人口的过快增长，忽略了帝国主义对当地剥削行为的影响。另一个主张人口与经济停止增长，强调二者要均衡发展的学说是 1972 年麦多斯（D. Meadows）等人提出的“人口零值增长论”，此前 1968 年美国还发起过 ZPG（Zero Population Growth）人口零增长运动。

综上可见，国内外均就人口发展提出过众多学说理论，这些理论模型不断完善、更新着人口预测理论及应用，推动人口预测工作朝着更加科学化、系统化、精确化的方向发展。

第五节　人口预测的程序及步骤

人口并不只是一个人口数据的单纯数学计算问题，人口现象受自然条件、生理规律、社会制度与政策、经济发展等各方面影响，再加上人口预测是对未来人口的数量及质量的双重预报，因此也决定了人口预测需要科学地结合定量研究和定性研究来开展。

马瀛通（1989）认为人口预测可分为三种途径：因果分析、类比分析和统计分析推断。因果分析，即通过研究人口发展的成因来对未来人口发展的必然结果进行预测。类比分析，即借助分析、对照历史上或当下现时的人口发展动态中相类似的情况，来推断预测未来人口发展。统计分析推断，即由数学方法统计取得的历史或现时的数据资料分析得出规律性，从而推导未来人口发展趋势。郦松校等（1991）编撰的城市经济学教材中论及城市人口预测时，介绍了城市人口预测常用方法并归纳了预测三大步骤：调查城市人口历史与现状，获取基本数据；结合数据并根据人口规划，提出某些参数；将二者导入模型或按一定数学方法推算结果。罗杰斯（A. Rogers，1996）多区域人口预测的基础步骤分为三步：第一步，确定起始的年龄及区域分布和上一时段多区域人口所归属的区域年龄别生育、死亡及迁移模式；第二步，作出合理的关于未来人口行为模式的假设；第三步，建立在此前的假设及运用期初人口存量的基础上推算结果。

纵览多位人口学者提出的预测程序及步骤，可见共通之处主要集中在：对人口状况、数据等的收集及熟悉；建立假设条件；建立模型并开展分析；提出相应决策建议。

人口预测讲究逻辑性，为保证一定高度的预测准确性，人口预测工作的程序大致能细化为：（1）定向、熟悉及判辨工作包括确定预测对象及目标、了解熟悉当前人口状况及相关社会状况、数据收集及核查调整、建立预测的假设条件；（2）处理工作包括开展定性考察调查、建立合理的计算模型、导出数据统计报告；（3）分析整理工作包括根据定量及定性研究报告结果进行分析、依据预测结果对相关主体提出建议。

一、定向、判辨及建立假设

确定人口预测的具体目的，即选择预测课题研究的方向，也就是说预测是针对人口的哪些方面，或者是针对人口与哪些因素之间的关系来开展的。比如，开展针对某市的某个人口指标在某段未来时间的变化分析。本课题所研究的目的，即运用系统动力学对广州市2040年进行人口预测，预测内容包含经济方面的三大产业、公共服务中的教育指标以及人口的出生、死亡、迁移的变化趋势等。

在确立好预测具体目的后，则需要细致分析相关的人口发展历史和现状。了解、熟悉当下的人口状况及相关社会状况等，是人口预测工作的前提条件。同时，我国人口学者王桂新（2000）认为人口预测离不开对人口本身发展过程及其变化的内在规律性的理解，人口的内在规律性表现在四个方面，分别是：（1）方向性，即人口要素的发展具有全球普适性，如城市化水平、老龄化水平等会随着社会的发展而不断呈现上升趋势。（2）惯性，即人口发展变动在一定时期内保持相对稳定的趋势。比如，据相关预测，尽管我国在生育上实行了有效的规划与政策干预，但我国人口增长趋势仍大致会持续到 21 世纪中叶，届时可能会实现人口总数零增长状态。（3）阶段性和连续性，即人的生命周期决定了人的一般生活轨迹和人口发展的动向，如生育一般出现在同居或婚姻之后。（4）人口要素及其发展变动具有一定的内在联系，如留守儿童的数量与三四十岁的务工人员人口流动有密切关系。深入掌握人口发展变化过程的内在规律性，对开展人口预测有重要意义。人口预测的基本原理，就是要依据这些内在规律性，并利用已掌握的各类基础数据资料，如通过人口普查获得的总人口数量、人口性别比、学龄人口数量、老年人口数量等各种基础原始材料，研究得出各人口要素之间的关系并画出人口结构模型，以此推导出未来人口发展规模、结构等人口状况。

人口预测带有一定的假定性，预测方案的数量因假设条件的多样而增加。预测的假定条件、方案的选择以及模型的确立是否合理，直接关系着可行性问题（马瀛通，1989）。检验人口预测的可靠性，实际上就是检验假设条件的可靠性（杨德清，1985）。人口预测的假设条件是模拟未来人口变化必须要进行的工作，种种假设直接影响预测的方向。为了尽可能降低未来人口参数的变化和不确定性对人口预测报告结果的影响，人口预测给出的高中低三种方案就是为了修正庞大数据统计可能造成的各种误差，这样可以使人口预测结果具有更高的参考性。假设条件一般包括：生育率和死亡率的水平及模式、出生人口性别比、婚育比例、人均寿命、人口迁移流动的时空模式等人口结构等不发生明显变化；现有人口政策继续推行；城市化水平不断提高；社会经济按一定比例稳步增长；没有发生战争或经历重大自然灾害及传染病；等等。

二、模型建立、数据导入和结果导出

在完成了对人口预测工作的方向目标确定、相应人口状况的熟悉及数据收集核查，且根据需要建立了假设条件之后，可以开启下一步模型建立、数据资料导入、结果导出等工作。根据前文论及人口预测的定量预测及定性预测的分类，在开展人口预测的中期阶段，就是要针对定量研究建立相应的数学模型（具体的人口预测模型分类及讲解将在后文提及），针对定性研究建立相应的逻辑思维模型、设计访谈等，或采取相应合适的定性研究调查方法。

人口预测基础数据准备是人口预测研究的重要组成部分，基础数据质量的高低直接影响人口发展过程规律性的判断，进而影响到人口预测结果的准确性。国内外常用数据主要来源于国家统计局公布的人口普查与历年统计年鉴资料，此外还包括各个城市的统计局公布的历年统计年鉴资料。为更好地提高分析预测的可靠性以及模型的拟合性，人口预测的定量研究工作离不开对人口数据的收集、核查及调整。某些时间段或欠发达地区的人口数据并不充分，为保证能够进行人口预测，并能取得比较理想的预测结果，有必要对人口数据开展评价和调整工作。王桂新（2000）介绍了区域人口数据评价的主要方法，包括内部核查、与其他来源的数据对照和间接估计检验三种。

而定性研究同样是人口预测工作中的重要一环。关于质的研究在人口学中的运用，周云（2007）讨论了质的研究与定量研究的差异，以及二者在人口问题研究中的互补关系。目前，人口预测依然是定量占主导地位，但在与其他学科进行交叉融合分析时，或在探讨到关乎人的质量、文化性质、观念等时，则更多地需要开展质的研究及预测。例如，近年来对移民跨境家庭的研究也有了更多的发展，一般多与社会学结合来探究移民背景下的家庭维系状况，罗小锋（2008）通过访谈跟踪调查，对香港内地移民跨境家庭的维系进行了实证研究，分析了香港性别比及移民男性的婚育观，并将两地跨境家庭分为三大类，认为未来短期内跨境家庭仍会继续延续。方轮、胡艳曦（2009）讨论了我国城市社区教育资源相关问题，其中论及城市社区教育需求资源开发总量分析时，提出城市社区人口预测的思路应是：先进行全国总人口预测，再进行全国城市人口的初步预测，然后根据城市人口的主要因素予以分析，修正和最终确定城市人口预测值；同时，他们也对城市社区教育需求人口展开了结构分析。对城市社区教育资源进行定量与定性分析预测，是人口预测应用在教育方面的一个具体案例，值得参考。刘谦、邹湘江（2013）尝试采用定性与定量混合研究方法，通过发放问卷、开展访谈等，考量新生代流动人口的受教育程度、与家人是否同住、社会交往状况、保险项目拥有量等，分析探讨他们的生活感受（幸福感），研究表明感到不幸福的占少数比例，绝大部分的新生代流动人口能接受目前所处的生存状态。

三、分析整理和提出建议

将数据导入至数学模型并得到数据处理报告，并完成了定性调查资料收集汇总后，就需根据相应的报告进行分析阐释，探究各人口要素指标的未来趋势（包括成因、要素之间的联系等），如有必要可以回顾并指出该预测工作的学术贡献、不足和有待将来继续深化的地方。由于绝大部分的人口预测工作出发点都是为服务于社会决策，因此最后还需要向相关部门提出相应的政策规划建议。

综上，可以将人口预测工作程序及步骤用图 2－3 表示：

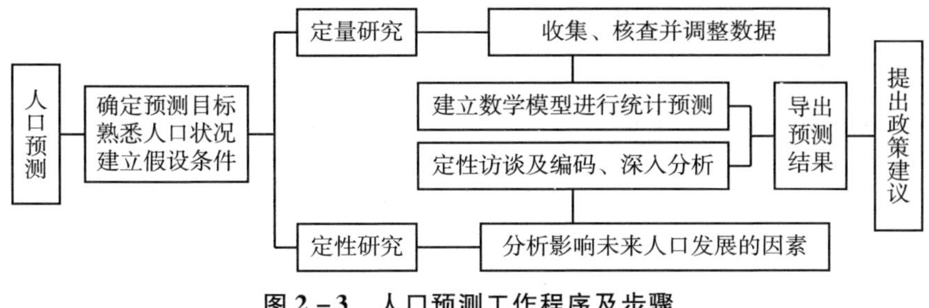

图 2-3　人口预测工作程序及步骤

第六节　人口预测模型

人口预测模型或方法是实现人口预测的基础和手段。现代常用的人口预测方法或模型主要有：Malthus 指数模型、Logistic 人口增长模型、马尔科夫链模型、Leslie 矩阵模型、自回归滑动平均模型、队列因素法、宋健人口发展方程模型、灰色模型、人工神经网络模型、系统动力学。

一、模型类型

（一）Malthus 指数模型

1789 年英国学者马尔萨斯（Malthus）基于对英国人口近百年历史数据的分析，在其代表作《人口论》中提出了著名的指数模型，即在没有任何限制的情况下，人口会呈现出指数增长的特性，人口净增长率是一个可以计算出的常数。其表达式为：

$$X_t = X_0(1+r)^t$$

其中，X_t 表示 t 时刻的人口数量，X_0 表示初始人口数量，t 表示时间，r 表示人口增长率。

（二）Logistic 人口增长模型

1838 年，荷兰数学家沃赫斯特（Verhulst）在对 Malthus 模型改进的基础上，提出了 Logistic 预测模型。模型考虑了环境变化对人口发展的制约情况，引入了自然环境下最大容量的人口参数，并且认为人口增长率并不是一个固定不变的常数，而是随着人口总量的上升增长率反而下降。由于人口总量反作用于人口增长率，所以 Logistic 模型又称人口阻滞增长模型。其表达式为：

$$N_t = \frac{K}{1 + N_0 K e^{-rt}}$$

其中，N_t 表示一段时间后的人口数量，N_0 表示初始人口数量，t 表示时间，r 表示人口的内在增长率，K 表示环境对人口的最大承载力。

Malthus 人口指数模型和 Logistic 人口增长模型都属于指数类人口预测模型，都是以过去某一年的人口数作为基数，通过引入固定的人口增长率参数来预测某一封闭环境（即不考虑人口迁移因素）下的未来人口数量。其共同的优点是：模型简单，便于操作和计算。其中 Logistic 人口增长模型还考虑了环境承载力对人口增长的影响。但在实际应用中，这类模型化存在以下不足：（1）人口增长率是变化的，每一年都可能不同，用统一的人口增长率来预测未来多年的人口数量显然存在误差；（2）未考虑人口迁移因素对地区人口数量变化的影响；（3）Logistic 模型中所要求的环境对人口的最大承载力本身需要预测，难以准确计算，会存在较大的误差。

（三）马尔科夫链模型

20 世纪初，苏联著名数学家安德烈·马尔科夫（Andrey Markov）在对概率论的研究中，经过多次试验观察发现，系统在状态转换中，存在着转移概率（状态的改变叫作转移，与不同的状态改变相关的概率叫作转移概率），这种概率只与当前转换的上一次有关，而与过去无关：

$$P_r = (X_{n+1} = x \mid X_1 = x_1,\ X_2 = x_2,\ \cdots,\ X_n = x_n) = P_r(X_{n+1} = x \mid X_n = x_n)$$

其中，P_r 表示转移概率：x_1，x_2，$\cdots$，x_n 表示一系列的随机变量，这些随机变量的可能取值所形成的可列集就叫作马尔科夫链的状态空间。马尔科夫链模型在预测过程中不需要考虑当前以前的历史状态，而是利用当前的状态，通过转移概率来进行预测。

因而，将这种模型引入人口预测领域，就可以利用短期少量的人口数据来对未来人口数量进行有效的预测，操作简单易行。尤其是在历史人口数据不全或者不准确的情况下，这种无需考虑历史数据的预测方法就拥有更大的优势。但事实上，一方面转移概率会随时间而不断变化，难以准确计算，马尔科夫链模型在实际预测过程中就会产生较大误差；另一方面无法对与过去有关的事件进行预测，但人口的发展变化会受一定的历史趋势影响。

（四）Leslie 矩阵模型

美国著名人口统计学家内森·凯菲茨（Nathan Keyfitz）率先提出了利用矩阵乘法进行人口预测的想法，将人口按性别、年龄、生育率和存活率分别进行处理，建立矩阵模型。莱斯利（Leslie）于 1945 年在凯菲茨矩阵基础上进行改进，加入了人口迁移因素，提出了基于年龄结构的 Leslie 矩阵模型。其基本表达式为：

$$P_{(t+1)} = AP_t + G_t$$

其中，$P_{(t+1)}$ 表示第 $t+1$ 年的人口数，A 表示基于不同年龄结构下的生育率与存活率矩阵，P_t 表示第 t 年的人口数，G_t 表示第 t 年的人口净迁移数。

这种模型通过将区域人口群体划分为不同的年龄层，并考虑到了人口的迁移因素，可以动态地预测人口群体的年龄结构及其规模变化，是目前人口预测领域经常使用的一种模型。但其不足之处在于：（1）需要通过层层计算来获得数据，然后整体代入，计算较为复杂；（2）对数据的要求较高，某一数据的变化或偏差会对整个结果有较大的影响；（3）对于那些对人口数量变化有较大影响的经济性因素和政策性因素没有加以考虑。因此，当一个区域的人口数据不是很全面、准确，或者人口变化受经济和政策性影响较大时，运用矩阵模型进行预测就会产生较大的预测误差。

（五）自回归滑动平均模型

1951 年，新西兰著名统计学家彼得·惠特尔（Peter Whittall）在其《时间序列中的假设检验》一书中，首次尝试将自回归模型（简称 AR

模型）与滑动平均模型（简称 MA 模型）联立起来，提出了著名的自回归滑动平均模型（ARMA 模型），这种模型简便易行，计算方便，成为研究时间序列模型的重要方法。该方法通过现象的过去行为去预测现象的未来变化，即通过时间序列的历史数据揭示现象随时间变化的规律，将这种规律延伸到未来，从而对该现象的未来做出预测。由于 ARMA 模型数据要求单一，操作简单易行，得到了广泛应用。将该方法应用在人口预测领域，仅需要人口预测指标本身的历史数据即可，在短期人口预测方面取得了不错的效果。

但由于该模型属于线性模型，而人口的增长不一定是线性的，尤其是对于长期人口增长而言，更不可能表现出线性增长的特性，因此，在进行长期人口预测时，该模型会出现较大偏差。

（六）队列因素法

随着人口学学科的发展，出生、死亡和迁移等人口因素对人口静态（规模、结构和分布）的影响越来越被人们重视。在现实的人口预测中，根据人口本身变动因素和人口学原理的队列因素而进行的预测法应用广泛，并且能够取得良好的实际效果。

队列因素法的思路可以追溯到坎南（Cannan，1895），但具体预测方法最早是由惠尔普顿（Whelpton）于 1928 年独立提出的。队列因素预测法将人口划分为具有不同生育、死亡、迁移和风险的人群，并分别计算各人群随时间的变化。人口学基本理论和大量的人口变动事实表明，当一区域的人口达到较大规模时，其不同性别、年龄组人口随时间的变化一般都具有比较稳定的特性。队列因素法就是利用这一特性，对预测区域的每一年龄组的人口，设定其将来某一期间的变化率，据此分别计算将来预测期间内的出生数、死亡数和净迁移数，将其与期首的人口数相加减，从而得出要预测的期末的各年龄组的人口。

目前，该方法几乎是人口预测中被使用得最广泛的方法，队列因素法既考虑了历史的纵向数据，又利用了基年的横向数据，信息量大，预测精度高；可以同时对人口总量和人口结构等各个因素分别进行预测；

预测的结果信息更为翔实。但队列因素法有它自身的局限，主要表现为：（1）基期数据要求较高，需要基期年分性别年龄人口数据，一般只能在人口普查统计资料中得到。（2）参数设置。预测期间的生存概率、生育率、净迁移率、出生人口性别比一般都需要预测或设定，其设定的质量直接关系到预测结果的质量。

（七）宋健人口发展方程模型

人口发展方程模型是由中国著名控制论家宋健等于 20 世纪 70 年代末提出的，得到了国内外广泛认可且产生了较大影响力。其基本公式为：

$$B(t) = TFR_t \sum_{x=a_1}^{a_2} P_{xt}^F H_x(t)$$

$$\begin{cases} P_{0(t+1)} = S_{00}\delta_t B_t + g_{00(t)} \\ P_{1(t+1)} = P_{0(t)} S_0 + g_{0(t)} \\ P_{2(t+1)} = P_{1(t)} S_1 + g_{1(t)} \\ P_{3(t+1)} = P_{3(t)} S_2 + g_{2(t)} \\ \quad\cdots\cdots \\ P_{\omega-1(t+1)} = P_{\omega-1(t)} S_{\omega-2} + g_{\omega-2(t)} \end{cases}$$

其中，$B(t)$ 为出生人口数；TFR_t 是 t 年 a_1 岁的每位妇女一生平均生育的孩子数，也即总和生育率；a_1 和 a_2 分别为育龄妇女的年龄下限和年龄上限；$H_x(t)$ 表示生育模式，用于调整育龄妇女在不同年龄时生育率的高低；P^F 表示某种分布，视具体情况而定；$P_{x+1(t+1)}$ 为预测年度 $x+1$ 岁的人口数；$P_{x(t)}$ 为预测基年 x 岁的实际人口数；S_{00} 为出生当年存活率；S_x 为 x 岁的存活率；$g_{00(t)}$ 为出生当年的净迁移人数；$g_{x(t)}$ 为 x 岁的净迁移人数。

该模型通过对区域人口变化规律的分析，综合考虑了影响人口发展的多种因素，如总和生育率、生育模式、年龄结构、死亡率、迁移率等，与其他模型相比，考虑的因素更加全面，得到的预测结果更加精确。此外该模型可以分年龄段计算出每个年龄段预测人口，通过对各年龄段的预测人口得到总人口数的预测结果，在人口增长趋势发生转变的情况下，能够更准确地反映变化情况。

但该模型也存在较多不足：（1）基础数据要求多且精确度高，在获取上存在一定的难度。（2）需要设置的参数较多，其中有很多参数需要通过其他模型进行计算得到，导致某一数据细微的偏差，就会对预测结果产生较大的影响。（3）对净迁移人口数公式没有给出具体算法，在实际中难以预测。

（八）灰色模型

灰色系统理论是由中国著名学者邓聚龙教授在1982年首次提出，并以此为基础，建立了灰色模型GM(1，1)。这种模型可以通过较少的、不完全的信息来对事物的长期发展规律作出模糊性的描述。其基本思想是，利用原始数据数列经累加生成新的序列，从而弱化原始数据的随机性，使其呈现出一定的规律，以此建立微分方程的模型即GM模型，方便计算。灰色模型凭借这种只需考虑自身的时间序列，不要求全数据，从现有的数据中可以找到有用的信息，发现和认识事物内在的规律，从而进行预测，巧妙地躲过了繁杂的数据和影响因素，大大简化了计算量。灰色模型由于所需信息量少、方法简单，且预测精度高，在人口预测领域得到了迅速的发展和广泛的应用。

但在实际人口预测过程中，和其他预测方法相比，灰色模型也存在着一定的局限性：

（1）人口数据的离散程度较大时，会导致预测精度大大降低；

（2）不能反映各种非线性的社会因素对未来人口的影响，在长期人口预测中会存在较大误差。

（九）人工神经网络模型

1943年，心理学家卡洛克（Garlock）和数理逻辑学家皮茨（W. Pitts）首次提出了人工神经网络概念。人工神经网络是一种模拟大脑神经突触连接的结构进行信息处理的数学模型，这种模型具有自学习、联想存储、能同时处理定量和定性知识以及高速寻找优化解的能力，突破了传统统计类模型的机械式的预测方式的限制，使预测模型向着智能化的方向发展。在此基础上，由鲁姆哈特（Rumelhart）和麦克利兰（McCelland）为首的科学小组在1986年又提出了BP神经网络的概念，即一种根据误差反向传播算法的多层前馈网络，这一模型是目前应用最广泛的神经网络模型之一。BP神经网络模型的最大特点是，在变量之间的映射关系未知时，仅仅根据模拟所用变量和结果便可仿真出一个稳定的神经映射，并且它还有自适应和非线性转换等优势，非常适合对人口这个复杂系统的研究，尤其适合预测人口总量。

人工神经网络模型伴随计算机技术的高速发展，其预测算法越来越智能化，在计算上具有以下优势：（1）可自学习和自适应不精准和不确定的系统，对于人口统计资料不系统和不完全精确的区域来说，应用价值非常大；（2）可以充分逼近任意复杂的非线性关系，而人口增长与变化往往也是非线性的，无规律可循；（3）算法推导清晰，学习精度高，运算速度快；（4）能够同时处理数值数据和文本数据（如经济、政策等因素对人口的影响）。但由于该模型在人口预测领域应用时间较短，依然存在着很多问题，如学习收敛速度较慢、容易陷入局部最优、完全不能训练、网络的结构参数和学习参数尚无统一指导等问题，这些缺点导致神经网络模型的预测稳定性和精确性会差于统计类模型；此外神经网络模型建模需考虑多重因素，模型复杂，操作难度大。

（十）系统动力学

系统动力学是20世纪50年代由美国麻省理工学院的福瑞斯特（J. W. Forrester）教授发明的，系统动力学是一种以系统论、信息反馈控制理论为基础，以计算机仿真技术为手段，研究复杂社会经济系统的定量方法。系统动力学模型本质上是带时滞的微分方程组，能方便地处理非线性和时变现象，并能做长期、动态、战略性的仿真分析与研究。这一研究方法适用于分析系统的结构与动态行为，尤其适合于研究复杂、动态的系统问题，特别是对系统行为进行模拟，可以得到各种不同前提假设下的系统运行的结果，为决策者提供直观的决策后果，被称为社会经济学研究的实验室。它是预测人口的长期趋势、确定人口政策定性与定量相结合的最先进的模拟实验技术。

但系统动力学也有缺点和困难之处，主要表现在：（1）操作难度大，建模者的专业水平直接影响模型的质量和结果。如果建模者对系统的基本结构缺乏足够的了解，在建模过程中往往会做一些简单化的假设；（2）很难验证预测结果的真实性，因为建模者的主导思想和诸多变量都是影响预测结果的，而这些影响因素的正确性往往需要经过实践才能得到验证。

二、人口预测的模型对比与分析

综上所述，每种人口预测方法或模型的应用都不是绝对的，各种预测方法或模型都有其适用的条件与范围，存在一定的优点和局限性。上述10种常用的人口预测方法的简要概括分析详见表2－1。

从操作是否简单易行来看，简单易行、操作方便的模型主要有Malthus指数模型、Logistic人口增长模型、马尔科夫链模型、自回归滑动平均模型和灰色模型。操作复杂、难度较大的模型主要有人工神经网络模型和系统动力学模型，需要建模者具有专业水平且对人口系统各因素间的关系非常了解；其次为Leslie矩阵模型、队列因素法和宋健人口发展方程模型，因该类模型使用数据较多，处理过程复杂。

从已有的基础数据是否全面来看，当已有基础数据单一仅有历史人口数据时，宜选用Malthus指数模型、Logistic人口增长模型、自回归滑动平均模型；当已有基础数据单一且存在缺失的情况下，宜选用马尔科夫链模型或灰色模型；当已有基础数据比较全面且准确度较高的情况下，宜选用Leslie矩阵模型、队列因素法、宋健人口发展方程模型、人工神经网络模型、系统动力学模型。

表 2－1 现代常用人口预测方法简要汇总分析

模型名称	理论基础	原理简介	主要考虑因素	优点	缺点
Malthus 指数模型	指数函数	在没有任何增长限制的情况下，人口会呈现出指数增长的特性，人口增长率是一个可以计算出的常数	基年人口数量、人口增长率	①模型简单，操作方便；②数据要求单一，易于获得	①人口增长率设置影响整个预测结果，长期预测误差大；②未考虑人口迁移对总人口影响
Logistic 人口增长模型	指数函数	在指数模型的基础上，考虑了资源承载力等自然环境约束条件对人口增长的制约作用，因而人口增长率并不是一个固定不变的常数，而是随着人口总量的上升，增长率会趋于平缓并下降	基数年人口数量、人口增长率、资源环境承载力	①模型简单，操作方便；②考虑了资源环境对人口承载力的影响	①人口增长率设置影响整个预测结果，长期预测误差大；②未考虑人口迁移对总人口影响；③模型中资源环境对人口的最大承载力本身需要预测，难以准确计算，误差较大
马尔科夫链模型	概率理论	系统在状态转换过程中，存在着转移概率，这种概率只与当前的上一次有关，而与过去的历史无关	当前转换的上一次状态、转移概率	①模型简单，操作方便；②只需要短期少量的人口数据，适宜历史人口数据不全或不准确的情况下预测	①对于与过去有关的预测精确度较低；②转移概率难以计算，并且会随时间发生变化；③长期预测误差较大
Leslie 矩阵模型	矩阵乘法	利用矩阵乘法进行人口预测，将人口按性别、年龄、生育率、存活率、人口迁移因素分别进行处理，建立矩阵模型。可以动态预测人口年龄结构及总量变化情况	基年分性别年龄人口数、预测期生育率、存活率、人口迁移率	①考虑了人口迁移对总人口的影响；②能够动态预测人口年龄结构及规模变化	①数据要求较高，需要完整且精确性高的基期人口数据；②预测期的生育率、存活率、迁移率参数设置影响整个预测结果；③不能反映各种非线性的社会因素对未来人口的影响

续表

模型名称	理论基础	原理简介	主要考虑因素	优点	缺点
自回归滑动平均模型	自回归与滑动平均函数	通过现象的过去行为预测现象的未来变化，即通过时间序列的历史数据揭示现象随时间变化规律，将这种规律延伸到未来，从而对该现象的未来做出预测	历史人口数据	①模型简单易行，适于短期预测； ②数据要求单一，易于获得	①长期人口预测误差大； ②不能反映各种非线性的社会因素对未来人口的影响
队列因素法	年龄移算法	对预测区域的每一年龄组人口预测其将来某一时期出生率、死亡率和迁移率的变化情况，据此计算未来某一时期内的出生数、死亡数和迁移数，将其与期初的人口数相加减，从而得出要预测的期末某一年龄组的人口数	基年分性别、年龄人口数量、预测期间总和生育率、出生人口性别比、死亡率、净迁移率	①既考虑了纵向人口历史数据，又利用了横向基年人口数据，信息量大，预测精度高； ②可以同时对人口总量和人口结构等各个因素进行预测	①数据全面性、精确性要求高； ②预测期间的生育率、死亡率、出生人口性别比、死亡率、净迁移率的设定直接影响预测结果； ③不能反映各种非线性的社会因素对未来人口的影响
宋健人口发展方程模型	微分方程	通过对区域人口变化规律的分析，依据对历年人口分性别、年龄、出生、死亡数据推移，以及对影响人口发展变化的总和生育率、生育模式、死亡率、净迁移率等因素的综合考虑，实现人口的动态预测，反映人口再生产的规律性	基年分性别、年龄、人口数量、总和生育率、生育模式、死亡率、净迁移率	①模型综合考虑了多种因素，使得预测结果更为精确； ②可以分年龄段计算出每个年龄段预测人口，进而得到总人口数的预测结果，在人口增长趋势发生转变的情况下，能够更准确地反映变化情况	①数据全面性、精确性要求高； ②需要设置的参数较多，其中有很多参数需要通过其他模型进行计算得到。某一数据细微的偏差，就会对预测结果产生较大的影响； ③对净迁移人口数公式没有给出具体算法，在实际中难以预测

续表

模型名称	理论基础	原理简介	主要考虑因素	优点	缺点
灰色模型	灰色理论	利用原始数据数列经累加生成新的序列，从而弱化原始数据的随机性，使其呈现出一定的规律，以此建立微分方程型的模型即GM模型，方便计算。灰色模型可以通过较少的、不完全的信息来对事物的长期发展规律作出模糊性描述	历年人口总量数据	①不要求全数据，易于获得； ②操作简单，短期预测精度高	①当人口数据缺失较多，离散程度较大时，会导致预测精度大大降低； ②不能反映各种非线性的社会因素对未来人口的影响
系统动力学	系统动力学理论	系统动力学的模型是按照系统动力学理论建立起来的数学模型，依据系统的状态、控制和信息反馈等环节来反映实际系统的动态机制，并通过建立仿真模型，借助计算机进行仿真实验。其本质上是带时滞的微分方程组，能方便处理各种非线性和时变现象，并能做长期、动态、战略性的仿真分析和研究	影响未来人口发展的各类因素，包括定量与定性类数据	①在预测过程中通过研究人口系统内部诸因素形成各种反馈环，同时搜集与系统行为有关的数据和情报，适于研究复杂、动态的人口系统问题，长期预测精度高； ②同时处理定性与定量类人口数据，是最先进的模拟实验技术	①操作难度大； ②建模者的主观因素与建模的专业水平直接影响模型的质量和结果； ③人口系统影响因素的正确性需要经过实践才能得到验证
人工神经网络模型	人工神经网络理论	人工神经网络理论是一种人工智能理论，它力图模拟人脑的一些基本特征，可以进行并行计算、分布式信息存储，具有很强的自组织性和自适应性。它通过不断的学习，能够从未知模式的大量复杂数据中发现其规律，进行模拟、预测	影响未来人口发展的各类因素，包括定量与定性类数据	①可自学习和自适应不准确和不确定的系统，适于人口统计资料不系统和不完全精确的情况； ②算法推导清晰，学习精度高，运算速度快； ③可同时处理定性与定量人口数据，可以充分逼近任意复杂的非线性函数关系	①在人口预测领域应用时间较短，稳定性差于统计类模型； ②网络的结构参数和学习参数尚无统一指导； ③容易陷入局部最优、完全不能训练； ④模型复杂，操作难度大

从预测考虑的人口发展变化影响因素来看，Malthus 指数模型、Logistic 人口增长模型、马尔科夫链模型、自回归滑动平均模型和灰色模型，考虑的因素单一且均为数量化影响因素，不能反映各种非数量文本类因素如经济发展、人口政策、城镇化等。Leslie 矩阵模型、队列因素法、宋健人口发展方程模型综合考虑了影响人口出生、死亡、迁移因素，考虑因素相对较多，但模型仍然不能直接纳入各种非数量的文本类因素。人工神经网络模型和系统动力学模型考虑因素最为全面，不仅可以高速处理大量的数量型影响因素，还可以同时处理对人口增长有重要影响的文本类因素。

从预测时间的长短来看，适合进行短期预测的模型主要有 Malthus 指数模型、Logistic 人口增长模型、马尔科夫链模型、自回归滑动平均模型和灰色模型；适合进行中长期预测模型主要有 Leslie 矩阵模型、队列因素法、宋健人口发展方程模型、人工神经网络模型和系统动力学。

从预测结果的准确性与精确性来看，Malthus 指数模型、Logistic 人口增长模型、马尔科夫链模型、自回归滑动平均模型和灰色模型，长期预测存在较大误差，且预测精度较低，结果以单一总人口数据为主；Leslie 矩阵模型、队列因素法、宋健人口发展方程模型预测的准确性与精确性较高，不仅可以预测出总人口数据，还可以预测人口年龄结构的变化；人工神经网络模型和系统动力学的精确性最高，可以同时预测出人口总量及结构等各方面变化。

第七节　影响人口发展变化的参数

人口预测参数，是指人口预测模型中必须依据的条件或要素。在人口预测中，确定了人口预测方法或模型后，对影响人口发展变化的预测参数的选择与科学认定，直接关系到人口预测结果的质量优劣乃至预测的成败。可见，预测参数在人口预测过程中占有极为重要的地位。

从区域人口系统内部来看，人口规模的发展变化主要受到两个直接因素即区域人口自然增长和区域人口机械增长（也即人口迁移流动）的影响。而人口的自然增长主要包括一定时期内出生人口的增加和死亡人口的减少，涉及人口出生率和死亡率两个方面。人口的机械增长从一定时期内区域迁入人口减去迁出人口得到的净迁入人口可知。

一、影响区域人口自然增长的参数

生育率参数。生育率是形成新增人口的重要变量，是影响区域人口自然增长的主要因素。一定时期内区域人口生育水平的高低，直接关系到人口数量增加的幅度与规模。因此对生育率参数的准确把握与科学认定，同区域人口预测所产生的结果关系极大。在人口预测中，引入建模的生育率参数，一般包括年龄别生育率（Age - Specific Fertility Rate，通常用 fx 表示）和总和生育率（Total Fertility Rate，TFR）两类。

年龄别生育率。年龄别生育率（Age - Specific Fertility Rate，通常用 fx 表示）也可称为分年龄生育率，是指按育龄妇女（15 ~ 49 岁）各个年龄组分别计算的生育率。年龄别生育率具有现实不同年龄层次的生育水平和反映各个年龄组生育水平结构的特征，是计算总和生育率的基础。其依据是不同年龄妇女的生育能力不同，年龄别生育率在不同年龄组有明显的差别。一般情况，20 ~ 29 岁妇女的生育率处于育龄期间的最高值。而将某一时期的育龄妇女年龄别生育率进行累加，可以得到总和生育率。年龄别生育率是反映人口再生产过程的重要指标，对判断未来生育水平的变动趋势有重要作用。

总和生育率。总和生育率（Total Fertility Rate，TFR），是综合反映一定时期和地区人口生育水平的总体特征，它的基本内涵是，一定时期和地区平均每个妇女一生中生育了多少个小孩，也即每个妇女平均的生育子女数，反映了一定年度育龄妇女总体的生育水平。一般来讲如果总和生育率为 2. 1 即达到了生育更替水平，这表明同一批妇女生育的子女数量恰好能够代替生育妇女和其伴侣数量。

死亡率参数。人口死亡是影响人口数量减少的因素。未来人口如何按照客观实际或基本接近实际发生死亡，这是人口预测中极为值得研究的又一重要问题，即死亡率参数的设置问题。人口预测中的死亡率参数，亦包括年龄别死亡率和年龄别死亡概率两类。获取准确的人口死亡率是人口预测的必要条件之一，但其最终目的是要将所获取的年龄别死亡率或死亡概率，转换成未来人口的存活率，从而形成建模的因子与条件。具体来说，年龄别死亡率可以通过人口总死亡率水平来进行考察，年龄别死亡概率一般通过人口平均预期寿命进行分析。引入人口预测模型的死亡率参数一般包括年龄别死亡率和人口平均预期寿命。

年龄别死亡率。年龄别死亡率即按不同年龄计算的人口死亡率，可用于比较不同年龄或同一年龄人口在不同时期的死亡率。由于总死亡率要受年龄结构的影响，不同年龄的死亡率差别很大，因此有必要分不同年龄计算年龄别死亡率。

人口平均预期寿命。人口平均预期寿命是指假若当前的分年龄死亡率保持不变，同一时期出生的人预期能继续生存的平均年数。它表明了新出生人口平均预期可存活的年数，是度量人口健康状况和社会经济发展水平的一个重要的指标。一般利用同一年各年龄人口的死亡率水平，来代替同一代人在不同年龄的死亡率水平，然后计算出各年龄人口的平均生存人数，由此推算出这一年的人口平均预期寿命。

生育模式。生育模式是指从育龄妇女的整个生育过程来看，由初婚年龄、初育年龄、分娩年龄、胎次、生育间隔等因素形成的不同生育模式对人口的生育水平产生不同的影响，最终也会对预测结果带来影响。所以对生育模式参数的认定亦同样重要。

出生人口性别比。出生人口性别比是指某一区域某一时期（通常为一年）内出生的男婴总数与女婴总数的比值，通常用女婴数量为100时所对应的男婴数来表示。联合国明确认定了，在没有人为干扰的情况下，人类生殖过程的生物特征所决定的正常的出生性别比的值域为102～107，高于或低于这个比例都会对人口结构的均衡产生影响，从长期来看还会影响出生人口规模。陈卫和李敏（2010）研究发现出生性别比偏高会降低出生人口规模，加速人口老龄化。

二、影响区域人口机械增长的参数

人口在区域间迁移流动是引起区域人口总量变动的重要因素。对于某个地区，迁入人口减去迁出人口得到的净迁移人口，也即人口机械增长部分，是人口预测中的重要组成部分。影响人口迁移流动的因素，主要包括区域经济发展水平、公共服务水平、城市化水平、环境承载力、人口政策等。

区域经济发展水平。罗格（D. J. Rogue）的推拉理论认为，劳动力迁移是由迁入与迁出地的工资差别所引起的，经济因素是影响区域间人口迁移流动的主要因素之一。王桂新（1997）指出区域经济发展水平和差异是经济因素影响人口迁移的两个重要方面。改革开放以来，我国流动人口主要朝着经济发达的城市和劳动密集型产业比较集中的沿海地区流动，朝着可以获得更高收入的地区流动（周吉节，2000）。这种格局的形成，主要在于我国各地社会经济发展的不平衡，沿海与内地、城市和农村之间存在经济条件和生产水平差异。而区域经济发展水平代表了地区整体经济实力、人均收入水平、产业结构、就业机会、市场化水平等诸多要素，这些要素是吸引人口迁移流入的主要原因。因此，区域的经济发展水平是衡量人口迁移流向的重要因素。

公共服务水平。随着经济的不断发展和人民生活质量的不断提高，公共服务逐渐成为衡量一个地区发展水平的重要标准。文化教育、医疗水平、社会保障、基础设施等公共服务水平代表了某一地区居民的生活水平。公共服务质量的高低与地方政府公用支出的规模休戚相关，由于我国区域间经济发展不平衡，因此各区域间的公共服务水平也存在巨大差异。同时由于户籍制度阻碍了居民享受平等公共服务的权利，迫使大量人口为追求更好的公共服务资源产生区域间的迁移流动行为。张丽等（2011）通过全国第四次、第五次人口普查和2005年1%人口抽样数据分析，发现相对于地方政府的基础设施建设，文化教育、医疗卫生及社会保障对吸引人口迁入有正向作用。区域的公共服务水平的变化对地区人口规模及增长速度起着促进或阻碍作用。

城镇化水平。城镇化水平是影响城市人口集聚的一个重要因子，而人口迁移是推进城镇化最基本和最重要的途径之一，表现为人口由农村向小城市、小城市向大城市不断集聚的动态过程（吴志明等，2010）。在定量研究中，大多数学者常常用人口城镇化这一单一指标衡量城镇化进程，即用城镇人口占总人口（人口数据均用常住人口而非户籍人口）的比重来表示，用于反映人口向城市聚集的过程和聚集程度。城镇化水平是代表社会人口、经济、社会发展的综合指标，高质量的城市生活是吸引人口流入的重要因素，研究表明城镇化水平的提高促进人口向城市聚集，对人口迁移有正向推动作用（檀学文，2012）。

资源环境承载力。资源环境不仅是人类赖以生存的基础，也是支撑社会发展的重要支柱。资源环境为人口聚集与增长提供了直接的物质基础，但其承载力也是制约人口规模增长的瓶颈，尤其以水资源供给量、耕地面积以及能源供给等最为突出（江自书等，2016）。因此在对区域人口进行预测研究中，还需考虑区域资源环境等各项承载能力的制约作用，考量资源环境承载力的最大规模与未来人口的发展是否相匹配。

区域人口政策。政策因素在我国人口迁移流动中具有非常重要的影响，如户籍政策、公共服务政策、区域中长期发展规划等。通过对当前社会、经济、环境等政策等条件的分析，以及对未来发展的展望，特别是重大基础设施或重大项目的建设等，明确未来人口规模的可能增长途径与方式。

表 2 - 2 从文献中列举了相关人口预测模型使用的参数，由于人口规模预测的模型或方法不可能包含影响人口发展变化的全部参数，某一类型或某一种预测方法往往只能纳入某一类参数，如队列因素法、Leslie 矩阵模型、年龄移算法模型只能纳入影响人口自然增长的参数，诸如出生率、死亡率等，参数因素的考虑与模型本身的适用性有关。但从其他

表 2－2　人口预测模型选用参数列表

案例来源	预测方法	数据来源	人口自然增长参数						人口机械增长参数				
			年龄别生育率	总和生育率	年龄别死亡率	人口平均预期寿命	生育模式	出生人口性别比	经济发展水平	公共服务水平	城镇化水平	资源环境承载力	人口政策
杨朝勇（2003）	队列因素法	人口普查		√		√		√					
侯银莉（2010）	Leslie 模型	人口普查		√		√							
蒋远营等（2011）	人口发展方程	人口普查	√	√	√	√	√						
秦中春（2013）	年龄移算法	人口普查		√	√								
张帆等（2013）	多目标决策（可能－满意度方法）	统计年鉴							√	√		√	
王蓓等（2013）	系统动力学	统计年鉴							√		√	√	
孟令国等（2014）	PDE 多状态模型	人口普查、统计年鉴		√		√		√					
丁雪辰等（2014）	BP 神经网络、灰色模型	统计年鉴							√	√			

续表

案例来源	预测方法	数据来源	人口自然增长参数						人口机械增长参数				
			年龄别生育率	总和生育率	年龄别死亡率	人口平均预期寿命	生育模式	出生人口性别比	经济发展水平	公共服务水平	城镇化水平	资源环境承载力	人口政策
杨心丽等（2016）	队列因素法、经济－人口模型	人口普查、统计年鉴		√		√			√				
童玉芬等（2016）	系统动力学	人口普查、统计年鉴							√				√
米红等（2016）	队列因素法	人口普查	√	√	√	√							
上海 2040 人口预测	多模型预测	人口普查、统计年鉴		√		√			√				
北京 2050 人口预测	队列因素法	人口普查		√		√		√					
纽约 2040 人口预测	队列因素法	人口普查	√	√	√	√							
伦敦 2040 人口预测	队列因素法	国家统计局	√	√	√			√					

模型如系统动力学模型、BP神经网络模型等能够纳入影响人口机械增长的参数模型来看，考虑较多的参数为区域经济发展水平，其次为公共服务水平和环境承载力等因素，城镇化水平和人口政策也有学者考虑。若各种因素考虑综合全面、采用多方面参数对人口规模进行预测可将预测误差尽量减至最低。但这并不意味着不加甄别地随意选用，在进行预测时，还要考虑到预测方法或模型的适用性，以及各影响因素间的相互作用及影响。

第三章

人口预测的案例研究

下面将围绕以上几个方面对目前国内外的人口预测相关文献和实践应用案例进行归纳、梳理和分析。

第一节　国内学术界研究案例分析

一、队列因素法与浙江省 2000 ~ 2050 年人口预测

研究背景：杨朝勇（2003）在其硕士论文中运用修正后的队列因素法模型，对浙江省 2000 ~ 2050 年总人口及人口年龄结构发展变化情况进行预测。

数据来源：运用浙江省第四次人口普查（1990 年）、1995 年人口抽样调查和第五次人口普查（2000 年）得到的汇总数据资料，以 2000 年分性别年龄人口数据为预测基期数据，将基年分性别年龄人口数据按 5 岁组距分组，时间按 5 年进行间隔。

预测方法：在队列因素法的基础上，通过对浙江省人口实际情况的定量分析与定性分析，在原有模型的基础上引入了生存概率加速函数、修正儿童妇女比、幼儿性别比，建立了修正队列因素法模型。

参数设置：对预测期间的基础数据如生存概率、幼儿性别比、净迁

入率等参数进行设定，对总和生育率进行高、中、低方案设定。生存概率函数假设，男性人口的生存概率等于女性人口的生存概率，但分年龄的生存概率存在差异，儿童阶段（5岁以下）和老年阶段（60岁及以上）的生存概率变化大，分别为0.1‰和0.5‰，中青年的生存概率变化较小，仅为0.05‰。

设定预测期间的出生幼儿性别比为112∶100。

设定预测期间的净迁入人口为每年16.1万人，并且迁入人口的男女年龄分布与浙江省2000年本地常住人口的男女年龄分布相同，即将净迁入人口视为常住人口。

总和生育率。高方案由20世纪90年代的平均总和生育率1.3线性增加至1.9；低方案以2000年的总和生育率1.042逐年增加至1.502；中方案介于高、低两个方案之间，以总和生育率1.1逐年增加至1.7。

预测结果：从预测的总人口数量来看，高、中、低三个方案预测的总人口数均呈先增后减趋势，并分别在2040年、2025年、2020年达到最大规模5452万、5108万、4979万，此后呈现下降的态势，到2050年分别下降到5401万、4781万、4428万。从人口年龄结构变化情况看，三个方案中，劳动年龄人口数都将在2010年左右达到最大规模3663万，然后逐年下降，至2050年，高、中、低方案劳动年龄人口占总人口的比重分别为57.54%、55.99%、56.64%。三个方案的老年人口数在2040年达到最大规模为1340万左右，占总人口比重逐年上升，高、中、低三个方案的老年人口比重在2050年分别达到21.55%、24.35%、26.29%。少年儿童人口数，中方案的少年儿童人口保持在800万左右的水平，高方案中少年儿童人口数逐年增加，低方案中少年儿童人口数逐年下降，至2050年，高、中、低三个方案中的少年儿童人口数分别达到1020万、768万、613万，其占总人口的比重分别为18.90%、16.07%、13.85%。

二、基于 Leslie 模型对 2005～2050 年湖南省人口的动态预测

研究背景：侯银莉（2010）在其硕士论文中运用 Leslie 模型，对 2005～2050 年湖南省人口总数及人口年龄结构进行动态预测研究。

数据来源：从 2000 年第五次人口普查数据中提取了分性别年龄人口初始数据、人口年均死亡率、女性人口总数、女性在总人口中所占比例、女性分年龄生育率等数据。

预测方法：将 2000 年湖南省分性别年龄人口数据，按照每 5 岁为一个年龄组，把 0～99 岁划分为 20 个年龄组，建立 Leslie 矩阵，对湖南省 2005～2050 年人口及结构进行预测分析。

参数设置：在假定净迁入率为 0 的前提下，设定生育率、存活率参数，对 2005～2050 年湖南省人口数量及年龄结构进行预测。

预测结果：研究发现，当总和生育率为 1.6 时，即当每对夫妇平均生两个孩子的时候，湖南省总人口发展相对平稳，到 2040 年人口规模最大值为 7559.1 万人，到 2050 年回落至 7407.6 万人。从年龄结构上看，0～14 岁和 15～64 岁人口呈波动变化，65 岁及以上人口比例不断缓慢增长，至 2050 年三者所占比例分别为 18.87%、59.54% 和 21.59%。

三、基于可能—满意度方法的广州市适度人口规模预测（2012～2030 年）

研究背景：张帆和林隽宇（2013）采用系统工程中的可能—满意度方法，根据广州市当前及未来经济、社会、科技、资源环境等因素的分析和测算，预测了广州市 2012～2030 年在实现城市发展战略目标前提下所能承载的最大人口规模。

数据来源：1978～2012 年历年的《广州统计年鉴》中的总人口数据以及相关的反映经济、社会、科技、资源环境等指标数据。

预测方法：采用可能—满意度多目标决策方法，从人的感应和行为出发，考虑人（个体）对人口密度、人均自然资源数量、人均社会资源数量、环境质量的认可等因素进行定性与定量相结合的人口预测方法。先具体测算自然资源、经济、科技等指标具体增长的“可能性”，后通过专家问卷形式对人均占有数量的“满意度”进行调查。这种方法根据不同的因素确定一个规模，得到未来区域人口规模的范围。

参数设置：综合考虑了经济因素如经济规模变化、产业结构层次、劳动力生产率；社会因素如区域就业、交通、居住、教育、医疗等因素；资源环境因素如水资源供给量、耕地面积以及能源供给和利用情况等，参照以往的增减趋势确定了各项指标的权重，最后测算出满意度为0.6时适度人口规模所能达到的区间。

预测结果：2012～2030年广州市适度人口规模的高、中、低方案中，其人口总量都呈上升趋势，2030年其人口规模分别为1727万人、1929万人、2130万人。

四、基于系统动力学模型的北京人口规模预测（2013～2030年）

研究背景：王蓓等（2013）基于2000～2012年北京市常住人口发展变化情况，依据其人口特征，利用系统动力学模型对2013～2030年北京市人口进行高、中、低情景预测。

数据来源：2000～2012年《北京市统计年鉴》中历年北京市常住人口与城镇化、GDP、产业结构、能源消费、用水和大气污染等相关数据。

预测方法：采用系统动力学模型进行预测，一是基于北京市的城镇化水平于2012年已达86.2%，处于成熟稳定的发展阶段；二是由系统动力学自身的特点所决定的，系统动力学擅长处理高阶、非线性的时变问题，适宜用来进行长期人口规模预测。

动力机制与方程设定：设定中国城镇化水平作为基本诱因。在城镇化水平提高的情况下，第一产业增加值的增速必然会降低，第二产业和第三产业增加值的增速必然会提高。产业的发展、规模的扩大也会带来用水量的增加和大气污染排放的增加。而常住人口总量的增加也必然引起能源消费总量和大气污染物的排放和总用水量的增加。

基于此，并综合考虑到北京市常住人口数量、城镇化水平、产业结构、能源消费、水资源和大气污染状况等多方面因素的影响，以及各因素之间的相互影响，设定了产业的GDP发展与城镇化水平、产业GDP的增加引发的用水量、产业GDP的增加引发的大气污染物、城镇化水平与常住人口总数四个方程式。

参数设置：依据设定的城镇化水平分为高、中、低情景预测，根据2000~2012年的城镇化发展速度，将2012~2015年的城镇化率设定为每年提高0.5个百分点。而将2016~2030年设定为三种情景，其中高情景设定为2016~2020年城镇化率每年提高0.6个百分点，2021~2030年每年提高0.3个百分点；中情景设定为2016~2020年城镇化率每年提高0.5个百分点，2021~2030年每年提高0.25个百分点；低情景设定为2016~2020年每年提高0.3个百分点，2021~2030年每年提高0.15个百分点。

预测结果：从总人口预测结果来看，2030年北京常住人口在高情景模式下约为2800万，中情景模式下约为2700万，低情景模式下约为2500万。

五、基于PDE模型的中国人口结构预测研究（2015~2050年）

研究背景：孟令国等（2014）采用人口—发展—环境模型（PDE），以第六次全国人口普查数据为基础，预测我国2015~2050年总人口和人口结构的变化。

数据来源：选取2010年第六次人口普查数据作为基期数据，总人口按照每5岁一组，将0~79岁的人口分为16组，将80岁及以上的人口分为一组。死亡率和性别比参数设定数据来源于历年国家统计局公布的数据或历年《中国统计年鉴》数据。

预测方法：人口—发展—环境模型（PDE）是队列因素法和多状态生命表的扩展，该方法通过参数设置，假设各年龄段人口的死亡率、生育率、迁入人口数量在不同环境条件下表现出的不同特征。

参数设置：模型参数设定包括生育率、死亡率、性别比、净迁入率等。生育率设定假定我国未来 2015～2050 年计划生育政策将出现以下三种情况：维持现有计划生育政策、适当放松的计划生育政策和宽松的计划生育政策。对应设定低、中、高生育率的三个方案。低方案为假定 2050 年之前，继续保持第六次人口普查调整后的总和生育率 1.216 不变。中方案假定生育政策在适当调整后，2020 年之前的总和生育率与六普调整后的总和生育率相同（1.216），2020 年之后增加至 1.905。高方案在假定宽松的生育政策下，2015～2020 年的总和生育率为 1.905，2020 年之后的总和生育率为 2.290。

预测期间的死亡率估计，根据国家统计局公布的 1990～2010 年我国人口死亡率数据，选用 Lee－Carter 随机死亡率预测模型得到未来死亡率的变化情况。

男女性别比沿用 2011 年《中国统计年鉴》中 1995～2010 年我国男女性别比范围（102～106）。

净迁入率设定为 0，由于国外的净迁入人口相对我国将近 14 亿的总人口的影响较小，因而将人口迁移假定为零。

预测结果：从人口总量来看，低生育方案显示，我国人口总量将在 2023 年达到人口高峰 13.74 亿，之后加速下降，在 2050 年将减少至 12.06 亿。中生育方案显示，我国人口总量将在 2029 年达到人口高峰 13.74 亿，之后缓慢下降，在 2050 年将减少至 13.63 亿。高生育方案显示，我国人口总量在 2050 年前一直处于缓慢上升之中，2050 年将达到 15.22 亿。

从人口结构来看，低生育方案推演结果显示，2050 年我国 0～14 岁的少年儿童比重将降到10%以下，65岁以上老龄人口比重将超过33%，人口结构呈严重老龄化。中生育方案推演结果显示，2015～2050年间，我国0～14岁的少年儿童比重保持在14%～15%波动，65岁以上老龄人口比重将逐渐上升到29%左右，人口老龄化状况比较严重，但较低生育方案有明显改善。高生育方案的推演结果显示，2015～2050年，我国0～14岁的少年儿童比重将由15.56%逐渐上升至18%的水平，65岁以上老龄人口比重将逐渐上升到26%左右，人口结构较中生育方案又有了明显改善。

六、改进的BP神经网络和灰色模型在人口预测中的应用与比较（2006～2013年）

研究背景：丁雪辰和邓波（2014）以1985～2005年人口统计年鉴的统计数据为样本，分别使用灰色模型和三层BP神经网络方法对我国2006～2013年总人口数进行了预测，并将结果进行对比分析。

数据来源：以1985～2005年的《中国统计年鉴》中的人口相关数据为预测基期数据，以2006～2013年《中国统计年鉴》中的总人口数作为评估预测结果准确性的参照数据。其中人口方面的数据包括人口总规模、户籍人口、自然增长率、净迁入人口等；经济方面的数据包括地区生产总值、人均生产总值、经济增长率、各产业产值及比重、各产业劳动生产率、劳动力需求等；资源环境方面的数据包括总供水量、多年平均地表地下水量、地下水开采率、环境用水量、生活用水量、生产用水量、水资源承载力等。

预测方法：分别运用三层BP神经网络模型和灰色模型两种人口预测方法，并将预测结果进行对比分析。

参数设置：BP神经网络预测模型中对可能影响到人口总量的数据指标进行了研究和筛选。从人口结构、国家经济水平、医疗水平和社会福利水平四个维度出发，发现影响出生率的数据指标有男女比例、城乡人口比例、结婚登记、离婚登记、15～64岁人口数、总抚养比、城乡恩格尔系数、就业人员和每万人拥有执业医师数等；影响死亡率的数据指标主要有城乡人口比例、65 岁及以上人口数、总抚养比、城乡恩格尔系数、医疗机构数及每万人拥有执业医师数等。并使用这些指标分别作为输入层对人口出生率和死亡率进行预测。

灰色预测模型直接选用总人口数代入模型中预测。

预测结果：研究发现 BP 神经网络算法的预测精度要优于灰色预测模型，BP 神经网络人口预测模型平均误差率仅为 0.14%，远低于灰色模型的 0.39%。因为人口数量增长受多种因素影响，人口增长具有非线性特点，BP 神经网络在非线性趋近性方面有优势。

七、基于经济增长的上海市人口预测（2010～2040 年）

研究背景：杨心丽等（2016）参照人口学预测方法，将人口总量变化分解为人口自然增长和人口机械增长共同作用的结果，对上海市 2010～2040 年自然增长人口和净迁入增长人口分别进行预测。

数据来源：人口自然增长方面，基于上海市第六次人口普查中的人口总数、性别、年龄结构和出生率、死亡率等特征数据；人口机械增长研究数据来源于历年《上海统计年鉴》以及上海市第六次人口普查的相关数据。

预测方法：人口自然增长部分选用队列因素法进行预测；人口机械增长部分以五年为间隔周期，构建了基于经济增长条件下关于时间、经济、人口的上海市人口预测数学模型。

参数设置：人口自然增长的参数设置主要包括生育率和死亡率。

对于上海市未来净迁入人口的预测，基于经济规律对人口机械增长的影响，通过对生产总值、产业结构、职工收入、经济增长速度等多个与经济发展相关的要素与人口变化进行对照分析，最终选取经济增长速度参数，构成人口迁入—经济增长弹性系数作为估算净迁入人口数的估算依据。

乐观预测情境下，假定上海市生产总值年均增长率由 2016～2020

年的7%逐渐降低至2036~2040年的6.5%，2015~2040年人口迁入—经济增长弹性系数保持在0.2的水平。稳健预测情境下，假定上海市生产总值年均增长率由2016~2020年的7%逐渐降低至2036~2040年的5%，2015~2040年人口迁入—经济增长弹性系数保持在0.15的水平。

预测结果：在乐观预测情景下，上海市常住人口直到2040年一直保持增长，至2040年末总人口增长至3069万人，其中少年儿童、劳动年龄人口、老龄人口占比分别约为10.5%、62.6%、26.9%；稳健预测情景下，上海市人口呈现先增后减的趋势，至2040年末总人口增长至2820.7万人，其中少年儿童、劳动年龄人口、老龄人口占比分别约为10.1%、60.9%、29.0%。

八、系统动力学模型与北京市不同政策导向下的人口动态模拟（2010~2050年）

研究背景：童玉芬和王莹莹（2016）在厘清北京人口增长机制的基础上，采用系统动力学方法，通过调整经济增长目标、生产技术发展水平、产业结构、户籍制度开放度等进行政策模拟，考察不同政策导向对未来北京市人口增长趋势的影响。

数据来源：历年《北京统计年鉴》以及北京市第六次人口普查等相关数据，其中人口方面的数据包括人口总规模、户籍人口、自然增长率、净迁入人口等；经济方面的数据包括地区生产总值、人均生产总值、经济增长率、各产业产值及比重、各产业劳动生产率、劳动力需求等；资源环境方面的数据包括总供水量、多年平均地表地下水量、地下水开采率、环境用水量、生活用水量、生产用水量、水资源承载力等。

预测方法：采用系统动力学方法进行模拟。因人口、资源、环境与经济、社会等相互联系与作用，共同构成一个复杂的巨系统。而系统动力学方法可以通过仿真模拟将这样复杂的问题放在同一个系统中进行研究，同时能方便处理非线性和存在时滞的问题，能充分考虑人的决策因素，适用于政策模拟。

参数设置：主要选取了影响外来人口规模的政策变量，这些政策参数包括：经济增长速度的变化、产业结构的状况及其变化、劳动生产率的变化（代表生产技术水平的发展）、外来人口转化为户籍人口的数量等。通过上述政策参数的未来变化进行组合可以形成不同方案。

动力机制与方案设定：从正向反馈看，随着人口总量的增加，全社会的消费需求增加带动地区生产总值增加，在劳动力供给不变的条件下，对外来迁入人口的需求增加；地区生产总值增加引起地区经济水平和生活水平的提高，对外来人口的吸引力增强，最终引起常住人口总量的增加。但从负向反馈看，地区生产总值的增加带来产业的优化升级，对低端劳动力的需求减少；总人口增加对资源环境的压力增大，导致人均资源减少，人口迁入减少；假定户籍制度逐渐放开，外来人口转化为户籍人口的比重提高，在劳动参与率不变的条件下，对潜在迁入人口的劳动力需求减少，最终导致常住总人口减少。

基于上述的两个正反馈环和三个负反馈环，设定了 6 组方案进行对比分析。方案一假定按照当前的经济增长速度、劳动生产率、产业结构变化趋势发展。方案二假定优化产业结构，大幅度降低第一、第二产业以及传统服务业产值比重，提高现代服务产业产值比重。方案三假定调整经济增长速度，通过放缓经济增长速度有效降低劳动力总需求。方案四通过大力提高劳动生产率有效控制人口的快速增长。方案五通过调整户籍制度，增加外来人口转化为户籍人口的指标。方案六同时调整经济增长速度、产业结构、生产技术发展水平、户籍开放制度四种政策。

预测结果：根据模拟结果得到以下主要结论：①如果保持当前的经济增长速度，并按当前的生产技术水平以及产业结构变化趋势发展，未来北京人口规模将持续快速增长，到 2030 年将突破 3000 万人，2050 年将达到 4890 万人，城市面临巨大的人口压力。②单纯通过产业结构升级，至 2030 年人口总量仍然将接近 3000 万，调控人口作用有限。③适当放缓经济增长速度以及大力提高劳动生产率可以有效控制人口的快速增长，挤出大量的低端劳动力，与方案一相比2050年将减少1800万人，人口调控效果明显。④户籍制度的适当放开在一定程度上减少了外来人口规模，但对人口总量的减少并没有起到作用。⑤与单纯采用一种政策调整相比，多种调控政策有效地起到了调控北京市人口快速增长的作用，到2050年常住人口总量为2188万人，与方案一相比减少了2700万人。

九、人口发展方程模型在我国人口预测中的应用

研究背景：蒋远营和王想（2011）综合考虑到今后人口政策调整和社会经济条件的变化等因素，利用宋健人口发展方程离散模型对中国人口增长的中短期（5～20年）和长期趋势（50年）进行了预测。

数据来源：1994～2005年历年《中国统计年鉴》数据和1990年、2000年人口普查及2005年人口抽样调查中的相关人口数据。

预测方法：运用宋健人口发展方程离散模型，对影响人口发展的参数考虑设置更为周密及合理。

参数设置：生育模式函数设置，对2001～2005年育龄妇女年龄与生育率的分析，发现标准化的育龄妇女年龄别生育率近似为x^2分布的概率函数；死亡率函数设置，通过对人口死亡相关序列数据的拟合外推分别得到死亡率函数的短期与长期的表达式；人口城镇化函数，运用logistic曲线拟合得出未来50年的城镇化率。

预测结果：研究表明，如果我国现行的总和生育率水平为1.38，由于年龄结构原因短期内人口依然会增加，至2030年左右达到人口总量高峰，之后如按照该总和生育率继续下去会带来人口的递减，并导致严重的老龄化问题；比较理想的方案是在15年后应逐步适当提高总和生育率至1.8，相当一段时间后再将总和生育率水平提高至人口的自然更替水平（2.1）。

第二节 国内外人口预测应用案例分析

一、上海市 2010 ~ 2040 年人口预测

研究背景：上海市是目前国内率先开展中长期人口预测的城市之一。上海市 2010 ~ 2040 年人口预测（以下简称“上海 2040 人口预测”）由复旦大学战略研究团队于 2015 年完成，其预测结果作为上海总规划 2040 的参考依据。

数据来源：上海市 2010 年第六次人口普查数据及历年上海市《统计年鉴》中的相关人口数据。

预测方法：上海 2040 人口预测的主要方法为多模型预测，先后采用了基于队列因素法的自然增长人口规模预测、基于经济增长的人口规模预测、基于历史数据外推的人口规模预测、基于其他相关因子的人口规模预测和基于保持经济活力的人口规模阈值五种方法。

首先采用“队列因素法”进行上海人口自然增长的预测，以第六次人口普查数据为基础，计算得出在后续人口零迁移的假设下 2040 年上海市常住人口约为 1934.5 万人。在其基础上通过劳动力需求分析，设定了未来上海市人口发展的阈值。基于保持经济活力的人口规模阈值，假设劳动力年龄人口占比恒定和劳动年龄人口绝对数量不变，得出 2040 上海市人口总量的估算值分别为 5448.82 万人和 2986.59 万人。

同时，对净迁入人口的预测采用了根据不同条件假设下的线性回归方法。基于经济增长的人口规模预测对三产比重变化进行线性回归估算，再以该值对外来人口线性回归，计算得出 2040 年上海市常住人口约为 3323 万人；基于历史数据外推的人口规模预测将净迁入人口总量对时间进行多种方式的线性回归，得到 2040 年上海人口总量估算值在 3400 万 ~ 5100 万人的区间；基于其他相关因子的人口规模预测选取上

海与全国城镇居民家庭收入人均可支配收入差、全国本科以上毕业生数量作为因子估算人口净迁入值，分别得到2040年上海市人口总量估算值3746万人、3971万人。

研究结果：最终结合阈值计算和趋势推测，研究给定三个2040年上海市人口规模情景：3300万、4000万、5100万。该研究通过综合功能、人口、空间三个要素的分析，发现上海城市规模的核心问题并不是不断增加的人口数量，而是人口高密度聚集区域与功能高密度集聚区域之间的空间错位。

政策建议：基于研究结果，提出了资源紧约束条件下的两大应对策略，首先是将产业优化作为核心的应对策略。一是优化产业结构，研究建议优先从中心城区向外疏散第三产业，尤其是生产性服务业以及科技创新型企业；二是优化空间布局，研究建议将中心城周边地区作为上海城市功能向外疏解的优先空间。在现有的空间框架内，通过城市功能的优化，引导人口的空间布局。其次是对人口进行有效“引导”。根据人口分布现状与未来城市功能优化方向等因素的综合考虑，将上海市域划分为人口稳定控制区、人口优先引导区、外围预留地区等五个区域。保持人口密度从中心城区向外逐级递减；控制中心城区人口密度，新增人口优先导入距离中心城区较近的地区，达到合适的人口密度后，再导入较远的地区。

述评：上海2040人口预测采用多模型情景预测，假设了多种条件下上海市人口规模发展的可能性，综合考虑了区域经济发展水平、产业结构、家庭收入水平、高素质人才等多方面因素，减少了单一预测方法带来的预测误差过大的风险。但从预测结果来看，不同预测方法的结果偏差较大，一方面是由方法本身造成的，由于人口增长并非简单的线性增长，因此上海2040人口预测模型中使用的线性回归方法，受历史趋势影响在对未来长期人口进行预测时存在较大误差。另一方面是由于每个预测模型仅选取了单一影响因素。人口增长受多种因素综合作用，单一因素在人口预测中并不能反映人口增长的长期趋势。

二、北京市2000~2050年人口预测

研究背景：北京市2000~2050年人口预测研究（以下简称“北京2050人口预测”）由清华大学社会学系课题组于2012年完成，其人口预测结果作为“北京2049”规划建设的依据。

前提假设：北京2050人口预测首先对北京市人口预测过程中可能出现的、对预测结果产生影响的一些不确定因素进行了假设。而后，假定稳定的因素有：首先北京的行政区域基本保持不变；其次是社会经济的发展基本平稳，不会出现大起大落的情况；再次是净迁入人口与户籍人口生育水平无差异；最后是未来人口的死亡模式基本不变。

数据来源：北京2050人口预测以2000年为预测基年，从北京市统计局公布的2000年第五次人口普查数据以及相关人口统计汇总资料，分别获取城乡分性别年龄的人口数、死亡率、总和生育率、迁入和迁出人口等数据，并以2001~2007年北京市实际人口数据作为参照对预测模型进行修正，不断提高预测结果的准确性。

预测方法：从方法选择上，北京2050人口预测基于已有的数据基础，并考虑到人口发展趋势，对人口变化的相应的人口预测参数进行设置，建立人口队列因素模型，运用Spectrum3人口预测软件进行计算。

参数设置及预测方案：队列因素模型预测的结果，主要取决于预测参数的估计。利用Spectrum3软件进行人口预测需要设定每年的总和生育率、死亡模式、出生性别比、生育模式、分性别的迁移人口规模和年龄模式等参数。北京市2050年人口预测的主要参数及预测方案设置详见表3-1。

表 3 – 1　北京市 2050 年人口队列因素模型预测的主要参数

方案	总和生育率	年净迁入人口	人口预期寿命	出生性别比
低方案	在整个预测周期（2001 ~ 2050）内基本保持 2000 年的生育水平不变，城市的总和生育率为 0.77，农村的总和生育率为 0.97	2001 ~ 2007 年，按实际迁入人口计算；2008 ~ 2020 年，每年流入 10 万人，男女各占 5 万人；2021 ~ 2050 年，每年流入 6 万人，男女各 3 万人	三个方案相同： 城镇男性：在 2000 ~ 2020 年从 75.4 岁线性增长到 77.53 岁。2020 年后，按每年增加 0.05 岁从 77.53 岁线性增长； 城镇女性：在 2000 ~ 2020 年从 78.49 岁线性增长到 80.35 岁。2020 年后，按每年增加 0.05 岁从 80.35 岁线性增长； 农村男性：在 2000 ~ 2020 年从 71.91 岁线性增长到 73.82 岁。2020 年后，按每年增加 0.05 岁从 73.82 岁线性增长； 农村女性：在 2000 ~ 2020 年从 75.14 岁线性增长到 76.64 岁。2020 年后，按每年增加 0.05 岁从 76.64 岁线性增长	三个方案相同：以 2000 年出生性别比 114 为基数，线性递减到 2008 年的 108，2009 ~ 2050 年保持 108 的水平不变
中方案	城镇育龄妇女总和生育率水平从 2000 年的 0.77 提高到 2010 年的 1.04，再到 2020 年提高到 1.23，2020 年以后的总和生育率保持这一水平不变。农村到 2010 提高到 1.37，2020 年提高到 1.63，之后保持这个水平不变	2001 ~ 2007 年，按实际迁入人口计算；2008 ~ 2020 年，每年流入 15 万人，男女各占 7.5 万人；2021 ~ 2050 年，每年流入 12 万人，男女各 6 万人		
高方案	城镇育龄妇女总和生育率水平到 2020 年线性提高到 1.418，农村育龄妇女总和生育率水平到 2020 年线性提高到 1.831，2020 年之后此后保持相应水平不变	2001 ~ 2007 年，按实际迁入人口计算；2008 ~ 2020 年，每年流入 25 万人，男女各占 12.5 万人；2021 ~ 2050 年，每年流入 18 万人，男女各 9 万人		

研究结果：将基期人口数据和人口预测的相关参数放入 Spectrum3 软件后得到北京市 2050 年人口预测的结果。低方案预测中，2000～2020 年北京人口为上升期，人口峰值出现在 2020 年，常住人口峰值为 1620 万人。在 2020 年之后，人口出现快速下降的过程，到 2050 年回落到 1262 万人。中方案中，2000 年到 2036 年北京人口为上升期，人口峰值出现在 2036 年左右，常住人口峰值数为 1972 万；在 2036 年之后呈逐渐下降的趋势，但下降趋势较为缓慢，到 2050 年人口维持在 1893 万人，变化趋势较为平稳。高方案中，北京市的人口一直持续增长，到 2050 年北京人口规模将达到 2377 万人。但到后期人口总量增速明显放缓。如 2015～2020 年五年间人口增加 146 万人，2045～2050 年五年间人口增加仅为 10 万人。从背景的城市规模和资源限制条件来看，中方案的人口结构更有利于北京的发展。

政策建议：基于上述研究结果，一方面考虑到北京市的经济发展现状与现有基础设施、公共服务、自然资源尤其是水资源等条件的制约，亟须对北京的人口承载量进行重新的考虑，制定合理的人口发展战略。另一方面外来人口的大量流入，要求加强对流动人口的服务管理，考虑合理应对流动人口的政策措施，为外来人口创造医疗、住房、子女教育等社会保障条件，吸引各行各业的高素质人才，提高人口素质，优化人口结构。

述评：北京 2050 人口预测利用队列因素方法对区域人口进行预测，既考虑了历史的纵向数据，又利用了基年的横向数据，信息量大，预测的精度高，可以同时对人口总量和人口结构等各个因素进行预测。但对于年净迁入人口的估算过于简单，缺乏有说服力的论证。北京市的人口增长受多种因素的影响，其中涉及北京市的经济发展和经济结构变动对劳动力的需求，以及科技进步、公共服务和资源环境以及一系列关系到北京市发展的相关政策。此外，还与北京市和其他省市的差距以及全国城市化发展阶段有关，这些因素相互联系、相互作用。因此对于净迁入人口的增长而言，并不是简单的线性增长，还需考虑诸多非线性因素的相互作用及影响。

三、重庆市 2019~2036 年人口预测

研究背景：唐宇（2019）及其专家课题组基于重庆市 1999~2018 年的总人口数据，采用线性回归模型、马尔萨斯模型、灰色系统模型 GM(1，1) 对重庆市 2019~2036 年的人口规模发展趋势进行预测及分析（以下简称“重庆 2036 人口预测”），研究结果表明：线性回归模型预测的人口规模最小，马尔萨斯模型预测的人口规模居中，灰色系统模型 GM(1，1) 预测的人口规模最大，取三种模型预测结果的平均值作为最终的预测结果，并结合其经济、社会发展的状况，提出合理的人口发展战略，力图实现人口、经济、社会的协调可持续发展。

数据来源：重庆 2036 人口预测以 2019 年为预测基年，从重庆市统计局公布的最新人口普查数据以及相关人口统计汇总资料，分别获取城乡分性别年龄的人口数、死亡率、总和生育率、迁入和迁出人口等数据，并以 1999~2018 年重庆市实际人口数据作为参照对预测模型进行修正，不断提高预测结果的准确性。

预测方法：综合线性回归模型预测，马尔萨斯模型预测的人口规模居中，灰色系统模型 GM(1，1) 预测的人口规模最大。为了消除预测模型所产生的误差，提高预测结果的精度，本文取三种模型预测结果的平均值作为最终的拟合结果。

其中，线性回归模型的拟合优度指数 R^2 比马尔萨斯模型的拟合优度指数 R^2 更高，所以其误差更小，预测效果更好，但是重庆市的人口增长是非线性的，用似线性的方法去处理非线性的问题，中长期的人口预测结果往往不理想；马尔萨斯模型虽然适用于非线性问题的拟合，拟合也较高，但是其人口增长率是恒定不变的，随着“二孩政策”的实施，人口增长率将会出现较大幅度的增长，其预测结果可能会偏小；灰色系统模型通过较少的原始数据建立微分方程，可以避免参数预估时产生的误差，预测结果精度更高，对于非线性、“二孩政策”实施后的人

口预测情况更合适。

研究结果：最终结合阈值计算和趋势推测，研究给定三个2036年重庆市人口规模情景：3790万人（线性回归模型），3828万人（马尔萨斯模型），3841万人（灰色系统模型）。最后通过三者取平均2025年重庆市总人口将增长到3584.44万人，2036年重庆市总人口将增长到3820.31万人，人口年增长率为0.61%。重庆市2017年的总抚养比为43.04%，与2000年的总抚养比47.47%相比，下降了4.43%，抚养负担的减轻，有利于人口红利的增加；但重庆市2017年少儿抚养比为24.13%，与2000年的少儿抚养比34.43%相比下降了10.3%，人口自然增长率降低，少儿抚养比的下降，从短期来说，有利于人口红利的增加和人口规模的控制，但是从长远来看，可能会导致劳动力成长不足、社会养老负担加重、经济增长乏力等问题；重庆市2017年老年抚养比为18.91%，与2000年的老年抚养比13.04%相比，上升了6.87%，人口老龄化趋势加强，将会导致社会负担加重。

政策建议：为了避免未来青年劳动力不足、养老负担重、经济增长乏力等问题，应全面贯彻落实“二孩政策”，合理调整人口结构；通过各种方法降低群众养育成本；通过适当的政策补贴，减少儿童在住房、医疗、教育等方面的养育成本，减轻儿童的抚养负担。

述评：重庆2036年人口预测采用混合模型预测，假设了多种条件下重庆市人口规模发展的可能性，综合考虑了区域经济发展水平、产业结构、家庭收入水平、高素质人才等多方面因素，减少了单一预测方法带来的预测误差过大的风险，有效地提高了精度。

四、美国纽约2010～2040年人口预测

研究背景：纽约市2010～2040年人口预测研究（以下简称“纽约2040人口预测”）由纽约市政府与纽约市城市规划局组织实施，于2013年10月完成。纽约2040年人口预测以5年为时间间隔，对纽约市未来30年的人口增长进行了分年龄、分性别、分区域预测。

数据来源：纽约2040人口预测的基期人口数据来源于2010年纽约市人口普查，而人口出生率、死亡率等预测参数数据来源于纽约市健康和心理卫生局，预期寿命预测数据来源于美国社会保障局。

预测方法：纽约2040人口预测运用人口队列因素方法，其关键在于对不同年龄组人口设定合适的生育率、死亡率和人口迁移率。

参数设置：根据队列因素模型预测的需要，对纽约2040人口预测的相关参数如生育率、死亡率、迁移率等进行设定。详细的参数设置情况详见表3-2。

预测结果：从总人口增长情况来看，2010~2040年纽约市总人口数量不断增加，但增长速度不断下降。

纽约市人口从2010年的820万人上升到2040年的900万人，人口增长了9.5%。从人口增长速度来看，在2010~2020年，纽约市人口的年增长速率为3.7%，2020~2030年下降至3.2%，2030~2040年，人口增长速率再次下降至2.3%。从分地区人口增长情况来看，布朗克斯区的人口增长比例最高达14%，其次为布鲁克林区人口增长比例达11.3%，皇后区人口增长比例为7.2%，斯塔顿岛和曼哈顿区的人口增长比例分别达6.9%和6.7%。

从人口结构情况看，2010~2040年纽约市学龄儿童和65岁及以上老年人口数量都在不断增加，但学龄儿童占总人口的比例不断下降，而65岁及以上老年人口占总人口比例不断上升，表明纽约市老龄化趋势不断加重。

纽约市学龄儿童人口（5~17岁）从2010年的126万增长至2040年的134.2万人，全市学龄儿童人口增长6.5%。但从学龄儿童占总人口的比例来看，学龄儿童占总人口的比例从2010年的15.3%下降至2040年的14.9%，下降了0.4%。从分地区学龄儿童增长比例情况来看，曼哈顿区最高为7.8%，其次为布鲁克林区和皇后区，分别达7.1%；布朗克斯区为6.3%，而斯塔顿岛学龄儿童呈负增长，其比例为负1.1%。

表 3－2 纽约 2040 人口预测队列因素模型参数设置

生育率	死亡率	迁移率
以纽约市健康和心理卫生局提供的出生人口数据，基于 2010 年纽约市人口普查得出的各区分性别年龄人口数据，计算得出的各区的分年龄生育率。为避免任何一年数据异常的情况，设定 2008 年至 2010 年的平均生育率在整个 2010～2040 年预测期间保持不变	以纽约市健康和心理卫生局提供的死亡人口数据，基于 2010 年纽约市人口普查得出的各区分性别年龄人口数据，计算得出各区的分性别年龄人口死亡率，以此作为按性别、年龄计算存活率的生命表的基础； 2010～2020 年期间采用的初始存活率是按照传统的方法，即直至 55～59 岁以前，越年轻的年龄组存活的可能性越高； 2020～2040 年期间，以 2020～2025 年为起点，采用美国社会保障局提供的预期寿命增加方案，每个年龄组的存活率都按具体年龄寿命增加的比例上升。但鉴于 2010 年纽约市的预期寿命已经超过全国平均水平，因此纽约市存活率不可能按照国家存活率提高的比例继续上升。纽约市各区存活率的比例按照纽约市与国家存活率水平差异的 50% 增加，这种方法在每个 10 年的时间点重复，同时保持 5 年期间与 10 年存活率之间的恒定	由于迁移率具有极大的变动性和不可预测性。在长期预测中需选择净迁移率，首先利用 1990～2000 年和 2000～2010 年的 10 年期普查数据推算了各区具体年龄的粗迁移率。其次综合考虑了土地利用与承载力水平、人口密度、经济发展水平、区域吸引力、政治边界，以及住宅建设的高成本对人口增长的限制作用等诸多因素对净迁移率进行调整

纽约市65岁及以上人口从2010年的100.2万人增长至2040年的140.9万人，其增长比例为40.7%。占全市总人口的比例从2010年的12.2%上升至2040年的15.6%。从分地区的老龄人口增长比例来看，斯塔顿岛最高，65岁及以上年龄人口的增长比例为64.9%；其次为布朗克斯区达56.6%，布鲁克林区为45.6%，曼哈顿区和皇后区分别达30.8%和29.6%。

述评：对2040年纽约市各个区的人口进行了人口总量与人口年龄结构的预测分析，为制定未来发展战略提供了非常有价值的参考。此外对迁移率参数的设定，综合考虑了土地利用与承载力水平、人口密度、经济发展水平、区域吸引力、政治边界，住宅建设的高成本对人口增长的限制作用等诸多因素。但人口的迁移流动受到社会、经济、文化等诸多非线性因素影响，运用迁移率无法直接准确地反映各要素对人口迁移的影响，可能导致对人口机械增长的预测存在一定的误差。

五、伦敦2014~2041年人口预测

研究背景：GLA智库人口统计小组为伦敦地区33个行政区更新了最新年度人口预测（以下简称“伦敦2041人口预测”），预测时间为2014~2041年。20世纪80年代，由于英国政府缺乏战略性思路，导致伦敦东部和西部地区发展不均衡。西部地区人口大量聚集，造成交通拥挤、就业和住房需求猛增、土地价格飞涨等问题。而东部地区却与之相反，出现了很高的失业率，人口大量外流。为了扭转伦敦各区人口发展的不平衡，在现有土地和自然资源占用已受到限制的情况下，2004年2月大伦敦颁布了新一轮大伦敦规划——《大伦敦空间发展战略》。在这个全面的规划框架之中，确定了一些特别发展地区，包括机遇性增长（Opportunity Areas）、强化开发地区（Areas for Intensification）和复兴地区（Areas for Regeneration）。

数据来源：伦敦2041人口预测基期人口数据来源于国家统计局2014年的年中统计数据。其他参数数据如出生人口数、死亡人口数、国

内净迁移人口数、国际净迁移人口数等由历年国家统计局相关数据计算得出。

预测方法：伦敦 2041 人口预测运用扩展的队列因素模型。队列因素模型中，每下一年的人口是以上一年的人口基数为起点，加入出生人数和净迁移人口，减去死亡人口预测得到。但该模型针对国内迁移模块作了方法上的改进，使得输出的结果为一个可以解释国内人口流动情况的动态模型。

参数设置：伦敦地区 2041 年人口预测的相关参数数据，如生育率、死亡率、出生人口性别比、国际迁移率、国内迁移率等，详细的参数设置详见表 3－3。

预测方案：为应对迁移情景中的不确定性，设置了基于短期迁移趋势的短期预测方案和基于长期迁移趋势的长期预测方案。

短期预测基于近 5 年的人口迁移变化情况，也即 2010 年年中至 2014 年年中的迁移模式作为预测人口未来迁移情况的变化基础。因为迁移模式中的某些变化可能是暂时性的，如经济危机、与住房市场息息相关的经济政策等，因而短期预测的目的在于得到较为准确的近期人口变化预测结果。

长期预测基于近 12 年的人口迁移变化情况，也即 2003 年年中至 2014 年年中的迁移模式作为预测人口未来迁移情况的变化基础。因为短期预测容易受特殊事件变化影响，不适于用来作长期预测。要作 25 年以上的长期预测，应基于长期的历史发展趋势，在一个或多个经济周期的发展历史基础上，预测结果更为稳定，能应用于长期的战略规划。

短期预测方案和长期预测方案，除在迁移方案设置上存在差异外，在模型选用的预测方案、生育率、死亡率、出生人口性别比等参数设定上完全一样。

表 3-3　伦敦 2041 人口预测队列因素模型参数设置

生育率	死亡率	出生人口性别比	国际迁移率	国内净迁移率
根据国家统计局 2012 年所作的全国人口预测方案中的分年龄生育率作为生育率参数基础，并对 2013～2014 年出生人口进行估计，将估计值与实际值进行对比，对 2012 年全国人口预测方案中的分年龄生育率进行调整修正。2014 年以后的生育率采用 2012 年全国人口预测方案调整后的分年龄生育率	根据国家统计局 2010 年中期至 2014 年中期的分性别年龄死亡的人口数据，计算得出 2010～2014 年的分性别年龄人口死亡率，以此对 2014～2015 年的分性别年龄人口死亡率作线性外推。2015 年之后的死亡率变化，根据 2014 年英国全国人口预测中设定的分性别年龄人口死亡率的变化比例进行相应的调整	设定出生人口性别比 105。也即假定每年出生总人口中，每出生 100 名女婴相对应的男婴出生数为 105	根据国家统计局统计的国际流入和流出的分性别、年龄迁移人口数据，依据历史数据计算分性别、年龄人口迁移的平均概率； 短期预测方案使用近五年国际迁移人口数据（2010 年年中至 2014 年年中），而长期预测方案使用近 12 年迁移人口历史数据（2003 年年中至 2014 年年中）； 根据预测期间的分性别、年龄人口的迁移概率，计算出预测期间的平均迁入和迁出人口数量，将由国际迁移流动产生的净迁入人口增加到预测模型中	根据国家统计局统计的国内分性别年龄流动人口历史数据，每年产生一个 4 维的国内流动人口迁移矩阵，计算每个区域的分性别和年龄人口的流动概率，将国内净迁入人口加入到预测模型中； 短期预测方案使用近五年国内流动人口数据（2010 年年中至 2014 年年中），而长期预测方案使用近 12 年国内流动人口数据（2003 年年中至 2014 年年中）

预测结果：从伦敦地区总人口增长情况来看，短期情景预测下，伦敦地区人口从2014年的854万增长至2041年的1089万人，总人口在未来27年将增加235万人，增长比例为27.52%；长期情景预测下，伦敦地区人口从2014年的854万增长至2041年的1050万人，总人口在未来27年将增加196万人，增长比例为22.95%。从伦敦地区的人口突破1000万人的时间来看，短期情景预测是在2029年，长期情景预测是在2033年。

从伦敦分区域的人口增长情况来看，所有行政区的人口都呈增长趋势，在短期情景预测下，东部巴金和达格南行政区人口增长比例最高达40.1%，肯辛顿和切尔西区人口增长比例最低为11.5%。在长期情景预测下，雷德布里奇（31.8%）和伊斯灵顿（15.1%）分别是人口增长比例最高和最低的地区。

述评：伦敦地区2041年人口预测区分了短期迁移与长期迁移两种情景模式，综合考虑了近期伦敦地区净迁入人口和长期净迁入人口的各种特征，使得预测结果更准确以及更有参考性。此外针对国内迁移人口，创新性地设计了区域间、分性别、分年龄四维矩阵，可以动态反映全国323个区之间的人口流入与流出状况，具象地描述了国内迁移人口的特征。但从人口机械增长的影响因素来看，包括经济发展水平、公共服务、人口政策等各种非线性影响因素，在伦敦2041年队列因素预测模型中未能直接反映。

从上述案例的分析情况可知，在区域人口预测中，如不直接考虑人口迁移流动的影响因素，如区域经济发展水平、公共服务水平、城市化进程、人口政策、资源、环境承载力等，多采用队列因素预测方法；如果综合考虑影响人口发展变化的线性与非线性因素则多采用系统动力学或BP神经网络预测方法。

六、中国香港2010～2040年人口预测

研究背景：香港特区政府统计处人口统计组在2017年9月出版的

《香港人口推算[①]（*Hong Kong Population Project*）2017～2066》旨在提供未来30年的人口结构及总数的推算数值，并且提供相关的推算意涵和政策建议，作为香港特区政府施政的参考与借鉴。

数据来源：按2016年中期人口统计所提供的最新基准人口数据，采用2016年年中人口为基准，编制一套涵盖2017～2066年的人口推算数字。这套更新的推算采用了自上一套人口推算公布之后搜集所得的有关生育、死亡和人口迁移模式的最新资料。参考其他发达经济体的做法，除了基线人口推算，亦编制了较高及较低人口推算。

预测方法：人口推算采用的标准方法为“组成部分法（component method）”。按照这方法，先将某基期的人口按年龄及性别划分，然后结合不同的生育推算、死亡推算及人口迁移推算，逐年推算，直至推算期末年。

本次预测的人口范围见表3－4。

表3－4　本次预测的人口范围（Population Coverage）

常住居民	流动居民
（a）在统计时点之前的6个月内，在港逗留最少3个月，又或在统计时点之后的6个月内，在港逗留最少3个月的香港永久性居民，不论在统计时点他们是否身在香港；及（b）在统计时点身在香港的香港非永久性居民	是指在统计时点之前的6个月内，在港逗留最少1个月但少于3个月，又或在统计时点之后的6个月内，在港逗留最少1个月但少于3个月的香港永久性居民，不论在统计时点他们是否身在香港

2016年年中人口估计为此套人口推算的人口基准。根据有关每个推算年份（即由每个历年年中至下一历年年中）的生育、死亡及人口迁移假设，运用下列计算方法，就可得出该推算年份年终的人口总数及其人口的年龄性别结构。（1）在推算年份年初，将基准人口/推算

① 香港称“人口预测”为“人口推算”，同为英文中population projection之意，本报告遵循当地语言习惯。

人口乘以按年龄及性别划分的推算前向存活率（1）而得出推算年份年终的生存人口。（2）将育龄期（即15～49岁）内每一年龄的平均香港女性数目乘以推算所得的相应香港女性年龄别生育率得出香港女性所生的婴儿数目，加上假设内地女性在港产子的数目，便得到总出生数目。把出生总数按相关的出生时的性别比率划分男、女出生数目，然后根据推算出的男女各自前向存活率，得出推算年份年终0岁男女的生存人口。（3）将假定的人口净迁移加进推算年份年终的生存人口。

参数设置：根据“组成部分法（component method）”的实际需要，对香港2017～2066年的人口预测的相关参数如生育率、死亡率、迁移率等进行设定，并考虑香港特殊的社会结构进行更为详细的分析与注释（详见表3－5）。在生育分析及推算中，已考虑各种因素，包括曾经结婚女性比例、已婚女性年龄别生育率及内地女性在香港产子的情况，以推算将来的生育率。香港未来的死亡水平使用Lee－Carter方法来推算。该方法使用年龄性别死亡率的过去趋势建立统计模型。香港人口的近期居住和流动形态，是拟定人口迁移假设的基础。

预测结果：“居港人口”推算由2016年年中的734万增加至2043年年中822万的顶峰，然后回落至2066年年中的772万，整个推算期的平均年增长率为0.1%。在2016年年中至2043年年中，推算人口平均每年增长0.4%。然而，随着人口老化，死亡人数显著增加，加上出生人数减少，在2043年年中至2066年年中，推算人口平均每年下跌0.3%。以2016年年中至2066年年中的整个推算期计算，香港的整体人口将增加39万，人口自然减少（即死亡减出生）为149万，而人口净迁移（即流入减流出）则为净流入188万（详见表3－6）。

表 3－5　中国香港 2017～2060 年人口推算参数设置

生育推算 fertility projections	拟定的生育假设 fertility assumptions made	死亡推算 mortality projections	拟定的死亡假设 mortality assumptions made	人口迁移推算 movement projections	拟定的人口迁移的假设 movement assumption made
年龄组别生育率过去的趋势是订定生育假设的基础。在生育分析及推算中，已考虑各种因素，包括曾经结婚女性比例、已婚女性年龄别生育率及内地女性在香港产子的情况，以推算将来的生育率	（一）晚婚及女性独身的趋势预计将会持续，更少女性会于育龄期内结婚。根据推算，在 2066 年大约每 3 名女性有 1 名在其育龄期完结时仍维持未婚，这个比率较 2016 年的约每 7 名女性有 1 名未婚为高； （二）将近 30 岁及以后的已婚女性生育率推算于未来数年会稍微上升，其后会渐趋平稳。其余岁数的已婚女性生育率预计于推算期内会维持平稳； （三）基于 2012 年后丈夫为非香港居民的内地孕妇在港分娩服务的零配额政策，第二类婴儿的数目在整个推算期间假设为零。至于第一类婴儿，根据过往趋势，假设每年有 5600 名。第一类婴儿 Type I Babies 是指配偶为香港永久性	香港未来的死亡水平使用 Lee－Carter 方法来推算。该方法使用年龄性别死亡率的过去趋势建立统计模型。为确保所推算的死亡率是合适和没有矛盾，曾进行下列验证： （1）根据过去的趋势及近期的情况，核对推算所得死亡率中男性死亡率相对女性死亡率的差异； （2）根据其他经济体的历史经验或死亡率推算未来的平均预期寿命，用推算所得的死亡率编制人口生命表率。再用人口生命表计算前向存活率。前向存活率是评估老龄化及前向存活过	促使死亡率在过去 20 年持续下降的原因很多。现在社会较以前生活丰裕，市民在接受更多教育后更加注重健康。死亡情况能否进一步改善将视乎人们对均衡饮食、健体、环境保护的注重程度及避免吸烟害处的态度； 预期男、女性的死亡情况会不断改善并持续过去死亡率的下降趋势，但死亡率的下跌步伐将减慢	香港人口的近期居住和流动形态，是拟定人口迁移假设的基础	以下 5 个组成部分：（1）香港永久性居民进入“常住居民”类别的净流动；（2）“流动居民”的净流动；（3）香港永久性居民使用回港证作旅游证件的净流动；（4）单程证持有人首次来港时的流入；及（5）除单程证持有人外，香港非永久性居民的净流动（包括由旅客身份转为居民身份人士数目的净变动） （1）香港永久性居民进入“常住居民”类别的净流动 每年都有相当数目的人士迁移到内地居住或以移民签证到海外定居。由于当中一些人士大部分时间会继续在香港逗留，他们仍然是“常住居民”。另一些人士逗留在香港的时间较少，但仍可符合被界定为“流动居民”。其他定居于香港以外的人士便会视为已经脱离了“居港人口”。相反，亦有人重新投入“居港人口”成为“流动居民”或“常住居民”。与此同

续表

生育推算 fertility projections	拟定的生育假设 fertility assumptions made	死亡推算 mortality projections	拟定的死亡假设 mortality assumptions made	人口迁移推算 movement projections	拟定的人口迁移的假设 movement assumption made
	居民的内地女性在香港所生的婴儿。第二类婴儿 Type Ⅱ Babies 是指配偶为非香港永久性居民的内地女性在香港所生的婴儿	程所需的数据			时，亦有一些人士从“流动居民”转变为“常住居民”或从“常住居民”转变为“流动居民”； （2）“流动居民”的净流动：从2011年年中至2016年年中（2013年年中除外），“流动居民”均录得净流入。这亦是根据香港永久性居民使用香港身份证出入境的记录来编制。“流动居民”类别推算仍有温和的净流入，每年的净流入由2016年年中的400人上升至2028年的4400人，其后缓慢减少至2066年年中的300人； （3）香港永久性居民使用回港证作旅游证件的净流动 因为11岁以下的儿童不能使用香港身份证进入内地及澳门，他们多数使用回港证。因为近年有相当数目的内地女性在港产子，而且部分会同所生子女实时返回内地生活，所以0岁的人口会出现显着的净流出。不过，部分

续表

生育推算 fertility projections	拟定的生育假设 fertility assumptions made	死亡推算 mortality projections	拟定的死亡假设 mortality assumptions made	人口迁移推算 movement projections	拟定的人口迁移的假设 movement assumption made
					婴儿会在长大后返回香港，故此0岁以上的人口会出现净流入； （4）单程证持有人首次来港时的流入 根据《香港特区基本法》，单程证配额是“由中央人民政府主管部门征求香港特别行政区政府的意见后确定”。自1995年7月1日起，配额是每天150人。单程证持有人的流入是根据近年持单程证来港人士的趋势而推算。推算单程证人数会由2016年年中每日128人逐渐减少至2026年年中及以后约为每日100人。预计推算初期人数较多，因仍有超龄子女（1）及其配偶和未成年子女来港； （5）除单程证持有人外，香港非永久性居民的净流动（包括由旅客身份转为居民身份的净变动）

表 3－6　　中国香港 2017～2060 年人口推算的结果

生育率的推算结果	死亡率的推算结果	人口迁移的推算结果
总和生育率推算由 2016 年每千名女性生育 1205 个活产婴儿，逐渐下降至 2066 年的 1166 个 不同年龄组别的年龄别生育率会在推算期间有不同的转变。一般来说，年轻组别的年龄别生育率将下跌，而 35 岁及以上的年龄别生育率将在推算初期稍微上升 推算所得的年龄别生育率的影响，可从仍未有子女的女性比例及平均生育数字中查证。有关选定出生组群女性的生育经验资料列载于表 3－4 及表 3－5。在 1966 年出生的女性，即刚过了育龄期的组群，当中约 33% 到育龄期末仍没有子女。在 1996 年出生，而其育龄期几乎全部在推算期内渡过的女性中，该比例约为 41%。相对地，在 1966 年出生的女性，即刚过了育龄期的组群，其平均生育数字为 1.24 名子女，而 1996 年出生的女性其平均生育数字则为 1.16 名子女。现代女性一般接受较好的教育及有较高的劳动参与度，并认同晚婚和小家庭观念，没有小孩的家庭亦普遍，故该数字下降是可能的 香港目前的生育水平低于很多其他低生育率的经济体。虽然如此，由于持续有外来人士流入香港，按推算香港的人口至 2043 年仍然保持正增长	结果显示，所有年龄性别死亡率将会持续下降。不论是男性或是女性，0 岁、65～69 岁及 70～74 岁推算的死亡率跌幅均十分显著。此外，15～34 岁及 60～64 岁的女性死亡率亦有相当大的跌幅。男性的死亡率一般较女性高，所有年龄组别的男性死亡偏高比率皆大于 1； 年龄性别死亡率的下降，引致平均预期寿命于 2016～2066 年期间进一步上升。根据推算，在未来 50 年男性及女性的出生时平均预期寿命均会增加 5.8 年。男、女性出生时平均预期寿命的差距大致保持平稳，约为 6.0 年； 与其他经济体比较，香港的死亡率正处于一个甚低的水平。男、女性的出生时平均预期寿命接近其他低死亡率经济体如日本。医学上的突破及社会、经济上的发展将会令死亡率再下降，但其下跌幅度会比较小。与香港的情况相似，其他发达经济体近期的人口推算均假设了死亡率继续下降，而出生时平均预期寿命则继续延长	2011 年年中至 2016 年年中香港永久性居民进入“常住居民”类别录得净流出。这是根据香港永久性居民使用香港身份证出入境的记录来编制。因此，推算未来 50 年仍会出现持续的净流出。在推算期的首 20 年，每年的净流出将会由 2016 年年中的 20600 人减少至 5000 人。其后回升至 2056 年年中的 14000 净流出并在余下的推算期维持在这一水平左右； “流动居民”类别推算仍有温和的净流入，每年的净流入由 2016 年年中的 400 人上升至 2028 年的 4400 人，其后缓慢减少至 2066 年年中的 300 人。推算单程证人数会由 2016 年年中每日 128 人逐渐减少至 2026 年年中及以后约为每日 100 人。预计推算初期人数较多，因仍有超龄子女及其配偶和未成年子女来港； 由于特别的雇佣性质，外籍家庭佣工的数目备有一套独立的推算。在这次人口推算中，推算外籍家庭佣工的方法已反映未来人口结构的改变，尤其是聘用外籍家庭佣工照顾长者的需求日增。推算结果显示，外籍家庭佣工的数目将会由 2016 年的 321800 人差不多上升一倍至 2066 年的 639100 人

在“居港人口”中，“常住居民”数目推算从2016年中的712万上升至2066年中的752万，平均每年增长率为0.1%。此外，“流动居民”数目则从2016年中的219800人减少至2066年中的201100人，平均每年跌幅为0.2%。未来人口年龄结构的转变亦可从总抚养比率显示出来。总抚养比率是15岁以下和65岁及以上人口数目相对每千名15~64岁人口的比率。撇除外籍家庭佣工后，该比率推算由2016年的397人持续上升至2066年的844人。年龄中位数的上升也可反映人口老化的趋势，预计年龄中位数将会由2016年的44.3岁上升至2036年的50.9岁，再进一步上升至2066年的54.5岁（不包括外籍家庭佣工）。

人口的性别比率（即男性数目相对每千名女性的比率）将由2016年的852∶1000（每852名男性对应1000名女性）显著下跌至2066年的691∶1000（每691名男性对应1000名女性）。不同年龄组别的性别比率将会有差异。25岁以下的年龄组别，性别比率会较高，即男多于女；而25~44岁的年龄组别，性别比率会较低，主要因来港单程证持有人中有很多是香港男士在中国内地的妻子，因此女性数量较多。扣除外籍家庭佣工后的性别比率，推算由2016年的925∶1000（每925名男性对应1000名女性）下跌至2066年的800∶1000（每800名男性对应1000名女性）。

述评：随着香港地区的继续发展，预期每年均会有净流入，尤其是因为就业、求学或家庭理由来港的香港非永久性居民，以及外籍家庭佣工及外地劳工。这个组成部分的过去数字是根据香港非永久性居民使用各类证件的总入境次数和总出境次数的差额来估算，当中并没有按来港目的划分的数字。

并且值得注意的是非永久性居民组成部分内的人士稍后在留港期间可能会由香港非永久性居民转变为香港永久性居民。若这类人士后来不再是香港的常住居民，有关的流动将视为在“香港永久性居民进入常住居民类别的净流动”组成部分的流出。因此在人口预测中需要非常注意当地的特殊情况，并且精细地调整参数设置。

七、中国台湾2016～2051年人口预测

研究背景："台北都会区2016～2051年人口预测[①]委托研究案"是由我国台湾地区台北市政府委托台湾政治大学统计系课题团队实施，于2016年11月完成的。中国台湾地区近年人口老化日益明显，各县市的老化速度及人口问题也不尽相同，若可获得各地区未来的人口相关数值（亦即人口推估），当能减轻未来人口老化对台湾地区造成的冲击。本研究以台北都会区（台北市/新北市/基隆市/桃园市）为研究目标，结合随机推估与专家意见，探讨适合台北都会区的生育率、死亡率的假设，加入台湾地区内迁移等社会增加的考量，除了提供未来35年（2016～2051年）的台北都会区的人口结构及总数的推估数值，并提供相关的推估意涵及政策建言，作为当局的施政参考（见表3－7）。

表3－7　　台北都会区2051年人口推估预期成果及目的

1. 加强有关人口推计之各项基本假设及外生变量之研究，进行台北市及台北都会区的人口推估，项目包含总人口数、年龄别（单龄）性别、出生数、死亡数、自然增加率、迁入数、迁出数、社会增加率、总生育率、年龄中位数、零岁平均余命、人口结构、抚养比、老化指数等项之分析结果与演变状况
2. 参考英国、日本及美国的区域性人口推估方法，以及参酌小区域人口推估模式，建立台北市及台北都会区的人口推估模型，评估不同方式之推估结果，做出可行性建议
3. 搜集日本、新加坡、韩国等人口趋势与本市较相近之国家及北欧福利较好之国家或地区有关少子化、高龄化之数据与政策，检视对目前中国台湾地区内之相关配套计划与措施，作为未来研拟政策之参考
4. 邀集中国台湾地区内外人口推估学者及有关人员，举办专家座谈会，取得各界对台北市人口推估的建议，以提供给市政府作为未来人口推估的参考

预测方法：著名的马尔萨斯《人口论》，其中提到几何级数、算数

① 当地将"人口预测"称为"人口推估"，与英文中population projection意义相同。

级数的成长，都属于数学模式。该类型的方法只能提供人口总数的预测，较难给定详细及稳定的人口结构，而且推估的结果通常误差较大。坎南（Cannan，1895）首先提出人口变动合成要素法（The Cohort Component Method），应用于英格兰与威尔斯的人口预测，这个方法经过维尔普顿（Whelpton，1928，1936）的推广后，广泛使用于世界各地。

根据上述出生、死亡、迁移的讨论与设定，将假设的生育率、死亡率、迁移代入 Leslie 矩阵，以人口变动合成要素法可推估出台北都会区未来两性各年龄人数，以及各年龄层的人口比例。未来数值均由随机模型决定，死亡率由 Lee – Carter 模型决定未来变化趋势，高龄死亡率则套入 Gompertz 模型，而迁移采用计算机模拟的区块拔靴法，由过去每年各年龄的净迁移人数得出未来迁移人数。生育率假设则采用两种假设，一则由区块拔靴法与过去生育率模拟产生，一则由人口专家决定未来数值，本章将比较两种不同假设得出的推估值之差异。

人口变动合成要素法是目前最常用于人口推估的方法，原理为人口平衡公式：

$$P(t+1)=P(t)+B(t)-D(t)+I(t)-E(t)$$

其中，$P(t)$、$B(t)$、$D(t)$、$I(t)$、$E(t)$ 五个变量分别是第 t 年的人口数、出生人数、死亡人数、移入人数、移出人数。在封闭人口假设下（或是移入移出人数为 0），第 $t+1$ 年的总人口数通常借由 Leslie 矩阵（Leslie Matrix），以类似马尔科夫链（Markov Chain）计算而得：

$$\tilde{P}(t+1)=M(t)\times\tilde{P}(t)$$

其中，$\tilde{P}(t)$ 为各年龄层在第 t 年的人数组成的矢量，$M(t)$ 为第 t 年各年龄层的死亡率及生育率组成的 Leslie 矩阵。

人口推估除了透过概率模型外，也需要参考专家意见，尤其是区域人口的推估，以确定未来各项人口变量的变化趋势。因此搜集各界对本计划进行方向的建议，并提供给市政府作为未来人口推计的参考。通常出生、迁移的变化较大，也比较不容易以模型或计算机模拟捕捉趋势，推估时更倚重专家的知识与见解，我们也会以此作为专家座谈时的讨论重点，邀请5位不同领域的学者及专业人士，搜集及量化意见后，再与随机方法搭配找出人口推估值。

与搜集专家意见相关的方法大致可归类质性研究，比较常见的方法包括焦点团体访谈、德尔菲法，或是这两种方法的混合，以综合两者的优点。

参数设置：生育率设置：用区块拔靴法推估这4个城市的未来生育率，视为随机方法的推估值。除了随机推估外，本研究也透过专家座谈会搜集生育率的专家意见，最后再综合两者意见。由于专家意见大多属于质性信息（Qualitative Information），搜集及整理比较不容易，因此本研究采用焦点团体访谈（Focus Groups Interview）及德尔菲法（Delphi Method）；

死亡率的设置：以台北市、新北市、基隆市、桃园市过去20年的死亡资料，分别代入Lee－Carter模型。然而由于Lee－Carter模型在人数较少时（20万人以下）的估计容易产生偏误，在使用这个模型时先测试其实质效果，若出现较为异常的现象，则需斟酌实际状况调整参数估计值。

人口迁移情况的设置：因迁移有迁出、迁入（设定为正值、负值）两个方向，而且也与迁入地区、迁出地区有关，较佳的处理方式为加入空间因素，以行政部门的数据为准（详见表3－8）。

预测结果：

（1）近年台北都会区的生育率变化没有太大震荡，与以区块拔靴法（随机推估法的一种）及专家意见得出的结果相当接近。

（2）死亡率的变化相对较小，加上台北都会区的人口数不算太少，Lee－Carter模型（随机推估）的估计结果非常稳定，因此以此决定未来的死亡率假设。

表 3 - 8　　台北都会区 2051 年人口推估参数设置

出生率估计	死亡率估计	迁移估计
30 年间，总生育大致在 1.27 左右徘徊，两个年度之间的标准差约为 0.19 因为台北都会区的总生育率之变化不大，先不考虑人口专家的建议，先使用区块拔靴法推估这 4 个城市的未来生育率，视为随机方法的推估值，亦即透过资料驱动外推的预测值；之后再参考专家座谈会的主观意见； 除了随机推估外，本研究也透过专家座谈会搜集生育率的专家意见，最后再综合两者意见。由于专家意见大多属于质性信息（Qualitative Information），搜集及整理比较不容易，因此本研究采用焦点团体访谈（Focus Groups Interview）及德尔菲法（Delphi Method）； 综合两者以取得适合台北都会区的生育率假设	使用最近 20 年（1996 ~ 2015 年）死亡资料，透过常见的随机模型推估未来台北都会区 4 个城市的年龄别死亡率。 为了更详细地探究未来高龄人口的人数、比例及成长幅度，我们考量死亡率的年龄范围从零岁至 110 岁。基期生命表的编算方法大致和中国台湾行政部门的生命表类似，0 ~ 89 岁的死亡率由核修匀法使之平滑，高龄死亡率由 60 ~ 84 岁死亡率代入 Gompertz 模型，再外推至 110 岁，60 ~ 84 岁死亡率由核修匀法、Gompertz 模型估计值两者的线性加权取得。各国的死亡率改善多半透过随机模型，Lee - Carter 是常用的模型之一，自从 1992 年推出后，这个模型大概是最受欢迎的模型，无论人口推估、社会及商业保险的费率计算，大多都会考虑这个模型。我们以台北市、新北市、基隆市、桃园市过去 20 年的死亡资料，分别代入 Lee - Carter 模型，然而，由于 Lee - Carter 模型在人数较少时（20 万以下）的估计容易产生偏误，在使用这个模型时先测试其实质效果，若出现较为异常的现象，则需斟酌实际状况调整参数估计值	迁移假设的处理方式和生育率、死亡率不同，一则因为年度之间的变化幅度较大，不容易以年龄别迁移率的方式处理，另一方面则因迁移有迁出、迁入（设定为正值、负值）两个方向，而且也与迁入地区、迁出地区有关，较佳的处理方式为加入空间因素，以行政部门的数据为准

（3）由于个人迁移详细资料受诸多限制，无法直接取得，最后以户籍记录及人口平衡公式决定台湾地区内迁移假设，发现台北市未来迁入人口大于迁出人口，亦即社会增加数为正值，新北市及基隆市的社会增加数为负值。迁移对台北都会区尤其是对小区域人口有不可忽视的影响，建议县市层级人口推估需加入国内迁移。

台北都会区人口金字塔的变化趋势也类似。在生育率没有明显回升，而且死亡率继续改善的假设下，台北都会区的人口金字塔形状同样随时间而接近蘑菇形状。不过，由于平均寿命的延长幅度没有台北市的明显，虽然高龄人口及其比例将日益增加，但超高龄人口的成长较为和缓，在2051年时人数达到30万余人，大约是0～4岁人口的75%。即便人口老化的速度不若台北市，台北都会区高龄人口仍旧以快捷的脚步增加，65岁以上人数从2016年不到120万，在2051年之前超过240万人，亦即在35年间人数倍增，或是每年增加8万以上的高龄人口。

述评：根据人口推估结果，台北都会区占台湾地区人口比例逐年上升，而且台北都会区（尤其是台北市）的人口老化速度高于全台湾地区平均速度，不但高龄（65岁以上）人口比例居全台湾地区之冠，超高龄人口的增加速度也高于全台湾地区。

现有迁移记录不足，依赖户籍资料及人口平衡，或是对从保健数据库得出的资料有质量方面的顾虑，建议建立详细的迁移数据库，记录台湾各县市间、各乡镇市区间的迁出、迁入人数。

未来若能取得更为完整的迁移资料，预计可套用罗格斯（Rogers，1975，1985）的多区域迁移模型，依据迁出地（Origin）、迁入地（Destination）等信息，分析出县市之间的移动人数、移动者的性别年龄等信息，再透过OD matrix（亦即迁出迁入地矩阵）及重力模型（Gravity model）估计出各县市间的迁移人数，再推估出台北都会区未来的迁入及迁出人数（见表3－9）。

表 3－9　中国台湾地区台北市 2016～2051 年人口推估参数设置重点研究方法解释

区块拔靴法（Block Bootstrap）	焦点团体访谈（Focus Groups Interview）	德尔菲法（Delphi Method）
本研究选择区块拔靴法（Block Bootstrap）。区块拔靴法为拔靴法（Bootstrap）的延伸应用，拔靴法最早由埃弗伦（Efron，1979）提出，藉由对已知的观察值重复抽样来模拟母体分配。区块拔靴法最早则由霍尔（Hall，1985）提出，于昆施（Kunsch，1989）的论文中有较完整的讨论。陈政勋与余清祥（2010）将区块拔靴法应用于县市层级的小区域人口推估，在台北市与云嘉两县的人口推估结果尚称不错，但总人口数较少的澎湖县则因为受限于资料而影响推估结果。区块抽取的权重常见的有均匀（Uniform）分配与线性权重（Linear Weighted），前者表示过去各区块发生的概率均等，后者认为距离现在越近的区块发生概率越大，由于区块拔靴法一次抽取多年的变动幅度，也保留了资料间的相关性	二战后由于商务蓬勃发展，市场调查员为了了解消费者对产品的看法，以促进商品的销售量，集合与该商品有关的消费者（焦点团体），搜集这些参与者的意见及感受，这种意见搜集方式称为焦点团体访谈。 焦点团体访谈是一个谨慎规划的系列讨论，目的在于搜集质性资料（Qualitative Data）。这种方法始于 20 世纪 50 年代的美国市场调查研究公司，学术界在 20 世纪 80 年代正式引进，撷取商界的策略并加以修改，使焦点团体访谈适用于其他领域（Krueger and Casey，2000）。每个焦点团体由一个主持人（moderator）带领，通常有 4～12 个参与者，而参与者均具有与该焦点团体的主题有关的某些特质，访谈时透过团体成员的互动，使成员表达、分享个人经验及想法，亦即借由团体互动刺激思考。焦点团体访谈为质性研究中最常用的方法，比个别访谈更容易发现新概念、新创意而且能节省大量时间（Morgan，1988）。此外，焦点团体的特色也包括在有共同聚焦的讨论主题下，由于没有必须达到某个共识的压力，或是以检验某些假设或理论为前提，采取对参与者的发言采取开放性、批判式的评论，因此能搜集更为多样的信息	德尔菲法最早是在 1964 年由高顿和赫默（Gordon and Helmer）提出，开始时用于解决复杂的军事问题及军事预测，后来逐渐被应用于任何领域的预测，如人口预测、医疗保健预测、经营和需求预测、教育预测等。德尔菲法（Delphi Method，或译为叠慧法）是常见的专家意见搜集方法，以不记名的书面通讯问卷，经过多次、来回地意见反馈及汇整，根据最后一次问卷的统计结果，概略估算出专家们预期的未来趋势。因为需要多次的意见交换，规划德尔菲法非常不容易，加上问卷格式、人力等配合，执行的难度相当高。达基（Dalkey，1969）认为，德尔菲法的理论有几个假设： （一）团体比个人拥有更多信息； （二）专家拥有专业知识，因此以专家进行预测或判断堪称合理； （三）一群专家比其他群体更能提供正确信息； （四）匿名式访问或问卷可以降低人际关系的负面影响，有利于呈现真实意见，使少数意见得到尊重； 与焦点团体访谈不同，德尔菲法是匿名式的专家团体意见判断方法，具有评估现况、预测未来的功能，主要以问卷搜集专家的团体意见，问卷发放方式可依受访专家方便而调整。因为匿名参与讨论，原则上专家之间无法互相讨论，较能保留个人的想法，降低因为意见相左或是碍于情面不发表个人意见等之人际冲突，使得意见的面向更广泛、更多元。另外，德尔菲法不局限在质性信息，亦能搜集量化资料，使用时更有弹性，且因其集思广益、维持专家独立想法、打破时空距离等优点，面对不明确程度高、具争论性之议题更能发挥效果，例如企业人力资源的需求预测，以及新型态商品销售量预测。德尔菲法的第一次问卷为开放式问卷，在整理所有意见后再反馈给所有专家，专家们再根据综合意见修正原先的意见，接着再汇总、整理，如此反复讨论

第四章

广州市人口增长的情况分析（1990～2015年）

作为我国改革开放的前沿城市，近三十多年来，广州市人口的发展既受到内部发展需求、外部城市竞争和全球范围内宏观经济变化的多重驱动，又同时面临着因经济、社会、文化、政策等主客观因素的影响而导致的人口发展生育观念转变产生的出生率降低的挑战。

第一节 城市化催生人口大增长

从统计数据来看（见图4－1、表4－1），1990年前广州市常住人口增长比较缓慢，常住人口中基本都是户籍人口。随着改革开放的深入，20世纪90年代后，常住人口规模迅速扩张，1990～2000年，常住人口增加了309.3万人，年均增长率为3.79%；2000～2010年，常住人口仅增加275.78万人，增长了27.74%，年均增长率为2.48%，低于上一个十年（1990～2010年）的3.79%，但远超过同时期全国0.57%和广东全省1.90%的年均增长速度。增长的人口中大部分是来自城市化过程的流动人口。

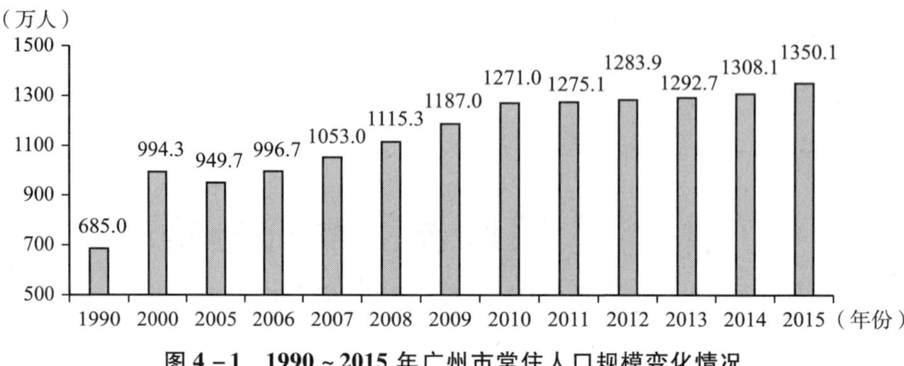

图 4－1　1990～2015 年广州市常住人口规模变化情况

资料来源：相关年份《广州市统计年鉴》。

表 4－1　1990～2015 年广州市的户籍人口和流动人口增长情况

主要年份	户籍人口	户籍人口同比增长	流动人口	流动人口同比增长率（%）
1990	594.30	—	62.67	—
2000	700.68	—	440.81	—
2005	750.53	—	364.00	—
2006	760.72	1.4%	399.00	9.6
2007	773.48	1.7%	466.00	16.8
2008	784.17	1.4%	537.90	15.4
2009	794.62	1.3%	634.71	18.0
2010	806.14	1.4%	688.02	8.4
2011	814.58	1.0%	659.25	－4.2
2012	822.30	0.9%	647.82	－1.7
2013	832.31	1.2%	686.68	6.0
2014	842.42	1.2%	728.19	6.0
2015	854.19	1.4%	783.32	7.6

资料来源：2007 年之前流动人口数据来自 2014 年兰州大学黄锦辉《广州市人口规模调控问题研究》硕士论文；2008 年及以后流动人口数据来自《2016 年中国广州社会形势分析与预测》蓝皮书中《广州市常住人口发展的调研报告》一文；户籍人口数据来自相关年份《广州市统计年鉴》。

与户籍人口相比，流动人口的增速更为明显（见表4－1）。1990～2000年间，广州市流动人口总量加速增长，十年间流动人口数量增加了378.14万人，年均增长率高达21.54%。广州市2005年、2006年、2007年三年的流动人口数量分别为364万、399万、466万。从1990～2015年二十五年间，广州市流动人口数量增加了720.65万人，翻了12.5倍多，是常住人口规模不断扩张的主要原因。

二十五年间，流动人口数量的迅速增长不仅与经济的快速发展、产业结构的调整、地理区位优势等因素密不可分，也与流动人口服务管理措施的升级有关。近三年来，广州市加强了对来穗人员的信息登记以及重点地区的出租屋整治工作，增强了来穗人员主动登记的积极性，全市流动人口纳管率明显提高，漏登记、漏管的人数越来越少，这也是近年来流动人口数量不断“增长”的一个重要原因。

第二节　常住人口总量翻了一番

1990～2015年常住人口总量翻了一番。2015年广州市全国1%抽样调查数据公报结果显示，2015年末，广州市常住人口为1350.11万人，占全省常住人口总量的比重为12.44%。与1990年第四次人口普查时的685万人相比，常住人口增加了665.11万人，年均增长率为2.75%。二十五年间，常住人口总量翻了一番。

2015年常住人口增加明显。2015年是广州市近五年来常住人口增量和增速最快的一年，比2014年末增加了42.06万人，增量同比扩大26.69万人，增速同比提高了2个百分点，常住人口总量占全省常住人口总量的份额同比提升0.24个百分点。其中，2015年末广州市户籍登记人口为854.19万人，较2014年末增加11.77万人，同比增长1.4%，户籍人口增长率是自2011年以来最高的。分析其原因，户籍人口和流动人口增加均为导致增速加快的原因，包括：一是人口出生率的增长。广州市于2014年3月开始实施“单独二孩”政策，2015年是该政策实施的第二年。相比于2014年，户籍人口的出生率增长幅度约两个百分点，照此估算，总出生人口增加幅度约26万，2015年“单独二孩”出生人数占总出生人数的6.85%。二是户籍制度开放后，户籍人口的流入持续增加。从统计数据来看，2015年户籍迁入人口11.28万人，迁出人口6.94万人，机械增长人口4.34万人。三是整体来看城市化率进一步提高。相比于2014年，全国的城市化率约提高了2个百分点，流动人口依然保持低速增加的态势。

第三节　流动人口数量已与户籍人口趋平

纳入登记的流动人口数量已与户籍人口趋平。截至2013年底，广州市登记在册的流动人口已接近700万人（686.68万人），按照一定的漏登率计算，广州市实际居住的流动人口为837万人左右，超过2013年末户籍人口数（832.31万人），广州市流动人口首超户籍常住人口。截至2015年10月，广州市纳入登记的流动人口数量达783.32万人，同比2014年增加了55.13万人，年均增长率为6.51%。2015年，户籍人口与流动人口的数量差距从1990年的531.63万人逐渐缩小到2015年的70.87万人，流动人口的年均增速为10.63%，是户籍人口增速（1.46%）近10倍。

随着城镇化的速度放缓，广州常住人口的增长速度趋缓。如表4-2所示，2011~2015年期间，广州常住人口仅增加了近75万人，增速仅为0.33%~3.22%，年均增长率为1.22%。

表 4-2 1990～2015 年广州市户籍人口与常住人口规模变化情况

主要年份	户籍人口（万人）			常住人口（万人）		
	年末人数	增加人数	增长率（%）	年末人数	增加人数	增长率（%）
1990	594.30	—	—	685.00	—	—
2000	700.68	106.38	1.67	994.30	309.30	3.79
2005	750.53	49.85	1.38	949.68	-44.62	-0.91
2006	760.72	10.19	1.39	996.66	46.98	4.95
2007	773.48	12.76	1.68	1053.01	56.35	5.65
2008	784.17	10.69	1.38	1115.34	62.33	5.92
2009	794.62	10.45	1.33	1186.97	71.63	6.42
2010	806.14	11.52	1.45	1270.08	83.11	7.08
2011	814.58	8.44	1.05	1275.14	4.18	0.33
2012	822.30	7.72	0.95	1283.89	8.75	0.69
2013	832.31	10.01	1.22	1292.68	8.79	0.68
2014	842.42	10.11	1.21	1308.05	15.37	1.19
2015	854.19	11.77	1.39	1350.11	42.06	3.22

资料来源：相关年份《广州市统计年鉴》、广州市 2015 年《全国 1% 人口抽样调查主要数据公报》数据。

常住人口增速趋缓的主要原因，是流动人口增速趋缓明显。相比于 2007～2009 年期间广州市流动人口高达两位数的年均增长速度，2010 年以来流动人口增速明显趋缓。特别是 2011 年、2012 年，还曾发生流动人口减少情况。相比于 2010 年，2011 年广州市流动人口减少了 28.77 万人，减幅度 4.2%；相比于 2011 年，2012 年广州市流动人口减少 11.43 万人，减幅度 1.7%。原因主要是受 2011 年欧债危机全面爆发的影响，全球经济增长趋缓，同期深圳、东莞等地的流动人口增长也呈负增长。2013 年以来，尽管流动人口增幅上升，但与十年前两位数的增长幅度相比仍有很大差距。

第四节　老年型社会总体特征逐步显现

广州市人口结构整体呈老龄化趋势。广州市2015年全国1%人口抽样调查主要数据公报结果显示：2015年末，全市常住人口中，0～14岁人口为175.27万人，占12.98%；15～64岁人口为1068.22万人，占79.12%；65岁及以上人口为106.62万人，占7.90%。人口年龄结构继续表现出“两头低、中间高”的总体特征，即少年儿童人口与老年人口占比相对较低，成年人口比重较高。从老年人口与少年儿童人口的占比（即老少比）来看，由2000年的37.13%扩大至2010年的60.86%，广州市人口结构整体呈老龄化趋势（见表4－3）。

表4－3　历次人口普查各年龄段人口比重　单位：%

普查年份	0～14岁			15～64岁			65岁及以上		
	广州	广东省	全国	广州	广东省	全国	广州	广东省	全国
2000年	16.43	24.17	22.89	77.47	69.78	70.15	6.10	6.05	6.96
2005年	14.78	21.32	20.27	77.66	71.27	72.04	7.56	7.41	7.69
2010年	11.47	16.89	16.60	81.91	76.36	74.53	6.62	6.75	8.87
2015年	12.98	17.37	16.52	79.12	74.15	73.01	7.90	8.48	10.47

资料来源：2000年、2005年、2010年、2015年四次全国人口普查数据。

2015年广州市劳动力人口比重首下降，人口红利进入衰减期。从整体上看，广州市劳动年龄人口占比超过全国平均水平。受流动人口的影响，广州市劳动人口的比例占据优势。广州市15～64岁劳动人口的比例呈先上升后下降趋势，从2000年的77.47%上升至2010年的81.91%，但2015年劳动年龄人口比例为79.12%，与2010年相比下降了2.79个百分点。外来劳动力最为丰富的深圳市，2015年劳动人口比例与 2010 年相比也下降了 5.17 个百分点。2015 年全省劳动人口比例与 2010 年相比下降了 2.21 个百分点。

从全国来看，2015 年全国劳动年龄人口比重为 73.01%，与 2010 年相比下降了 1.52%。这表明随着人口结构转变的完成，长期以来支撑我国经济高增长的“人口红利”开始衰减。全国人口红利拐点早在 2012 年就已出现，2012 年全国 15～59 岁劳动年龄人口数量出现了绝对下降，同比减少 345 万人。与全国劳动年龄人口比重相比，广州市仍处于“人口红利”期，但随着劳动年龄人口比重的下降，未来劳动年龄人口可能出现负增长，人口红利正逐渐消失。

从北京、上海、广州、深圳四大城市的各年龄段人口的比重对比（见图 4－2）来看，2015 年末，各城市少年儿童的占比情况，广州占比最高为 12.98%，其次为深圳和北京，分别为 10.2% 和 10.1%。深圳市劳动力人口占比最高为 88.4%，其次为北京和广州，分别为 79.6% 和 79.12%。65 岁及以上老年人口比重占比最高为上海，高达 19.6%，其

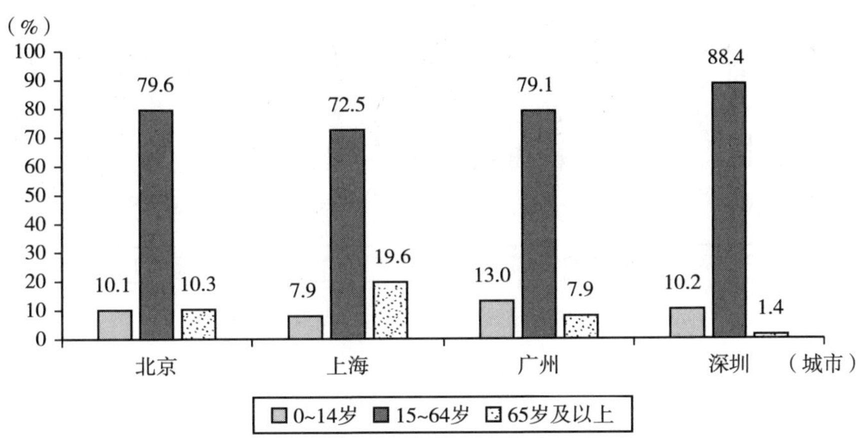

图 4－2　2015 年北上广深四大城市各年龄段人口比重情况

资料来源：2015 年北京、上海、广州、深圳《全国 1% 抽样调查统计公报》数据。

次为北京占10.3%，广州位居第三占7.9%，深圳最低为1.4%。因此，从人口年龄结构看，最为年轻的城市当属深圳市，其次为广州和北京市，老龄化社会趋势最为明显的是上海市。

第五节　三产就业比例增加，劳动参与率逐年下降

从产业结构来看，由图4－3可见，改革开放以来，广州市经济迅速发展，广州国民生产总值由1978年的43.09亿元增至2015年的18100.41亿元，年均增长率为17.7%。

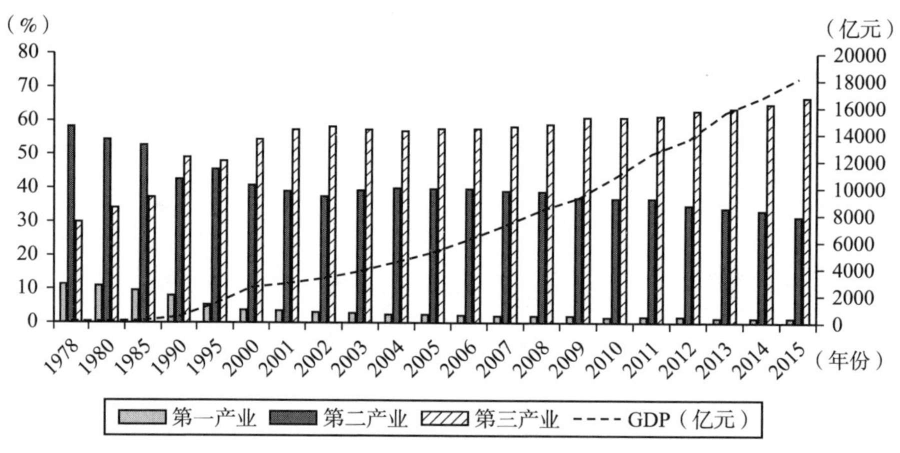

图4－3　广州市历年三次产业占GDP的比重

资料来源：相关年份《广州市统计年鉴》。

其中，第一、二、三产业的比重由1978年的11.7∶58.6∶29.7演变为2015年的1.3∶31.6∶67.1。20世纪90年代后，广州市第三产业，尤其是信息产业、房地产和金融保险等产业发展迅速。第三产业比重不断上升，第一、第二产业比重持续下降。1998年广州市第一、第二、第三

产业的比重分别为48.3%、44.87%、50.3%，第三产业的比重首次超第一、第二产业的总和。截至2015年末，广州市第三产业贡献率已达67.11%，接近于发达国家（地区）的“倒三角”型产业结构。

随着产业结构的调整，分布于国民经济各个部门从事各种经济活动的劳动者所构成的比例也即人口产业结构也随之发生相应的改变。根据配第—克拉克定理提出的有关经济发展中就业人口在三次产业中的分布结构变化的理论，广州市从业人员在三次产业中的变迁规律大体符合了西方国家呈现的一般规律。

广州就业结构的变迁分三个阶段（见图4－4），第一阶段为1978～2000年，由于地缘优势，广州承接了来自中国香港、中国台湾及欧美产业，重点发展轻工业，因此第一产业人口逐渐减少，第二产业从业人员保持一个显著增长趋势，第三产业从业人员稳定增长。第一产业就业人口比重由1978年的43.69%下降至2000年的19.27%，第一产业就业人口比重减少了24.42%；第二产业人口比重由32.13%上升为2000年的39.96%；第三产业从业人员增速快于第二产业，至2000年人数达到190.30万人，比重为40.77%。第二阶段为2000～2010年，广州市政府制定了“十五”发展规划，前后实施适度重型化战略和先进制造业、现代服务业双轮驱动战略，第二产业吸纳了相当数量的第一产业转移劳动力，第一产业就业人员保持了持续下降趋势，从2000年的19.27%下降至2010年的10%，10年间比重下降了10%。第二产业就业人员比重在较长一段时间内整体保持稳定，在40%左右波动。第三产业从业人员保持了大幅增长态势，由2000年的40.77%上升至53.22%，2010年从业人员达到397.72万人，比第二产业从业人员多84.82万人，比重高于第二产业10个百分点。第三阶段为2010年至今，就业结构继续呈“第一、第二产业从业人员比重下降，第三产业从业人员比重持续上升”趋势，截至2015年，第一、第二、第三产业从业人员比重分别为7.75%、35.38%、56.87%，从人口产业结构类型上看，广州市人口产业结构已由发展型转变为现代型。按照《广州城市总体规划（2011～

2020)》中产业发展的规划目标，广州市政府将以现代服务业为主导，推动现代服务业、先进制造业和战略新兴产业的有机融合。在广州市产业结构优化升级的过程中，第三产业将成为拉动经济增长的主要引擎，第三产业从业人员人数和比重还将继续增加。

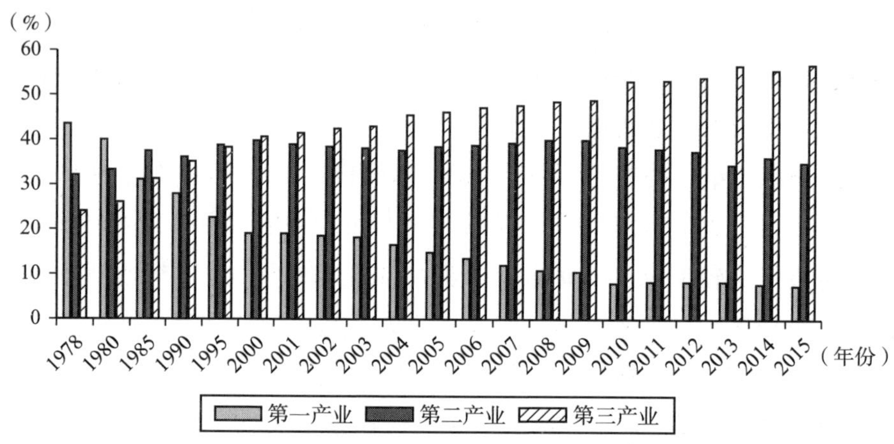

图4－4　广州市三次产业就业人口历年比重分布

资料来源：相关年份《广州市统计年鉴》。

劳动参与率低于全国平均水平，呈逐年下降趋势。劳动参与率是经济活动人口也即就业人口和失业人口占劳动年龄人口的比率，用来衡量人们参与经济活动的状况。近年来，随着我国劳动年龄人口受教育年限不断提高，劳动者进入劳动力市场的平均年龄增大，劳动参与率也呈逐年下降的趋势。

由图4－5可知，2000年第五次人口普查时，广州市的劳动参与率为73.76%。2010年第六次人口普查时降至68.54%，减少了5.22个百分点。同比全国2010年73.6%的平均水平低5.06个百分点。其中16～19岁和20～24岁年龄段劳动参与率降幅最大，16～19岁年龄段的劳动参与率由2000年的49.55%降至2010年的37.89%，下降了11.66个百分点；20～24岁年龄段的劳动参与率由2000年的82.56%降至2010年的67.92%，减少了14.64个百分点。

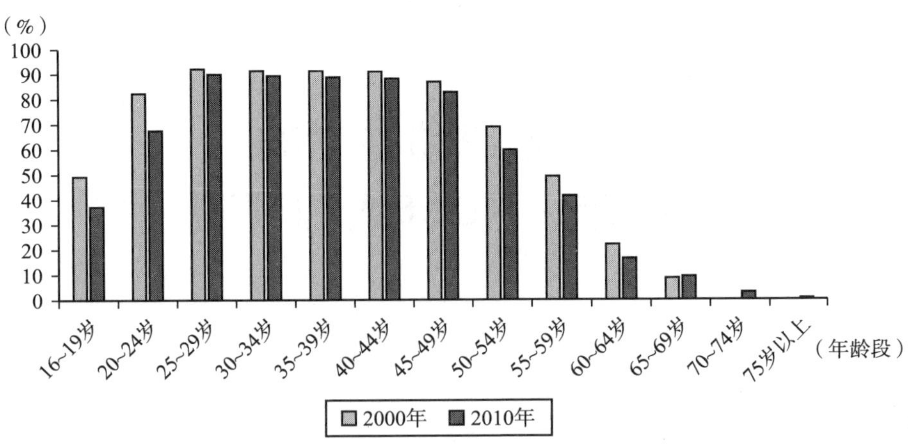

图4－5 2000年与2010年广州两次人口普查的劳动参与率情况

资料来源：2000年、2010年两次人口普查数据。

随着中国高等教育的迅猛扩张，刚刚进入劳动年龄的16～24岁年龄段人口，大部分还是在校学习的学生，因而呈现出较低的劳动参与率。从整体上看，广州市16～64岁劳动力年龄段人口的劳动参与率呈现出典型的倒“U”型曲线，16～24岁组和55～64岁组的劳动参与率较低，25～54岁年龄组的劳动参与率较高。劳动参与率的降低一方面表明青少年提早进入劳动力市场的数量减少，有利于提高人力资源的整体素质，缓解劳动力市场的就业压力，减少社会不稳定因素。另一方面可能由于互联网经济的发展衍生出多种多样的就业形式，许多“90后”就业群体不愿意选择朝九晚五、饱受束缚的工作方式，越来越多的人选择成为自由职业者或暂不就业者。

第五章

基于系统动力学的
广州市 2040 年人口预测

第一节 预测模型的选择——系统动力学

一、采用系统动力学进行广州 2040 年人口预测的原因

预测方法或模型的选择在人口预测研究中占有十分重要的地位。李永胜（2004）提出了人口预测方法选择的三大原则：一是应符合人口规模繁衍变化的自然特征；二是必须具有反映人口规模随时间变动而变动的特征；三是应依据社会经济发展阶段的不同需求确定选择。为了满足以上选择原则，需要对每种预测方法进行深入的了解，并对每种预测方法或模型的优缺点及适用范围进行评价。本研究选取系统动力学，作为广州 2040 年人口预测的基本方法。在此基础上，在对目前城市人口的数据进行有效收集和梳理的基础上，形成预测结果。

一是系统动力学的系统性、动态性特点更符合现代大城市人口发展特征。从方法特征来看，相对于其他方法，系统动力学把研究对象作为系统，采用动态分析的方法，注重系统的结构与功能。现代大城市人口自有流动特征更加显著、资源配置的市场化特征更加明显，城市作为现

代全球城市、区域城市群中的一个开放性变量，人口、产业、政策等具有高度的动态性、系统相关性，这一基本特征与系统动力学是相符的。

二是系统动力学的政策变量内嵌功能对人口预警具有更好的政策模拟仿真效果。系统动力学模型把政策变量内嵌于系统仿真过程中。而传统的人口学研究方法，政策和人口变化的关联度相对较弱。所以我们选择使用系统动力学方法预测广州市未来的人口变化，可能更有助于我们得到具有政策应用价值的研究结果，即在某种政策条件下，将会发生何种人口变化。高度的政策仿真性对人口预测具有积极效应。

三是现代人口预测的复杂性需要更高效、复杂的预测模型。系统动力学方法是人口预测中的最高级别的预测方法之一，也最能适应在目前人口流动性大的复杂城市系统。目前，影响城市人口变化的因素非常多，包括经济发展、公共服务等，这些因素相互之间还有影响，各种因素及其因果关系构成了一个内生性网络，这个网络我们可以视之为一个复杂系统，系统的空间结构层次丰富，每一个层次是上一个层次的一个小单元。这种复杂系统本身结构复杂，对它的研究涉及多种研究方法，包括数学方法、系统方法、信息方法、控制论方法等，还要借助计量经济学、数理经济学等来确定各种参数。因此系统动力学应该是最合适的选择。

二、关于系统动力学

（一）系统动力学方法的特征

我国研究者自20世纪90年代起便开始使用系统动力学研究人口问题，研究主要聚焦于资源环境的承载能力。陈济军（1991）、赵永红等人（1992）、李晋玲等人（2007）、哈斯巴根等人（2008）、童玉芬（2010）、童玉芬和王玲玲（2016）进行了人口预测和环境资源承载力方面的研究。他们主要着眼点是人口容量，选择环境或者土地作为主要限制性因素考察地区人口容量。在这些研究中，人口本身的增长和经济社会发展带来的人口增长可以看作是正反馈，负反馈则是环境对人口的限制和挤出作用。近年，系统动力学方法日益广泛应用于工程学、社会科学和商业服务中。

系统动力学方法具有以下特征：

首先，系统动力学研究各相关因素间的动态关系，可以研究变量随时间的变化。

其次，复杂系统中的反馈回路可以通过系统动力学找到问题的原因和解决办法。决策影响系统行为，行为改变系统状态，往复循环形成反馈回路。系统动力学强调系统、动态和反馈的结合，强调系统结构决定功能。

最后，系统动力学集中于系统的主要矛盾，用图形描述随着时间变化的变量时，首先要找到我们关注的并在系统演化中发挥主要作用的变量。

（二）系统动力学的模型构建过程

在具体的应用中，系统动力学的模型构建过程首先完成系统动力学流图的构建。明确系统控制模型的目标，再分析动力学模型流图，明确反馈回路中变量间的正负关系。构建了系统动力学的流图之后，要确定流图上各变量和参数的量纲单位，确定水平变量、速度变量、辅助变量和常数，确定方程的种类。接下来再根据历史数据，采取包括计量经济学在内的各种方法确定变量初值和参数，进行程序编制并调试，最终通过计算机模拟并对结果进行分析。

在以上这些过程中，搭建系统流图的目的是清晰判断系统结构，更关键的是识别系统各种因素之间的因果关系，也就是通过数理的方法确定的参数，从而实现人口复杂系统中各因素的影响和变化数学模型化。

第二节　广州市 2040 年人口预测的系统动力学分析框架

一、广州市 2040 年人口预测模型构建原则

基于系统动力学的广州市人口预测 2040 模型的构建，试图考虑以下原则：

一是注重模型的实用性。我们注重模型的实用性，注重建立便于理解、估计参数较少的系统动力学模型。当前一些系统动力学的研究往往涉及数十个甚至上百个变量。涉及的变量越多，对于系统仿真而言，需要的参数越多，多变量的复杂系统更适合参数比较确定的情况。由于人口预测系统很多参数需要通过数理经济学和计量经济学估算，即便统计检验结果显著，但仍然包含不确定性。同时，由于部分数据缺乏，纳入系统的一些数据要估算或者使用工具变量，模型过于复杂的话，就进一步增加了系统的耦合误差。因此，我们的研究更倾向于实用性，将尽量构建一个便于理解的、需估计参数较少的系统动力学模型。

二是考虑子系统的互动关系。从系统的角度说，人口、资源、环境等构成了一个复杂系统，我们拟构建一个包括人口子系统、经济子系统和公共服务子系统的人口变化系统动力学模型，人口子系统正是在受到其他子系统的作用并对其他子系统进行反馈过程中完成自身的变化过程，因此，我们构筑的系统模型首先考虑子系统之间的互动关系。

前文所述的采用系统动力学研究人口的文章模型中，较多地采用环境子系统，这些文章的研究目的主要着眼于人口容量问题，我们主要是预测未来人口规模。珠三角城市广州、佛山、东莞等的城区已经连成片了，广州的从化、花都等非中心城区还有开发成现代都市的可能性，所以理论上广州存在城市规模不断扩大的可能性。另外，珠三角地区的环

境对人口的制约远远不如北方城市那么严重。因此我们没有将环境子系统纳入到分析框架中，以人口子系统、经济子系统和公共服务子系统作为研究对象。

二、广州市2040年人口预测总体构建框架

总体构建框架如图5－1所示。

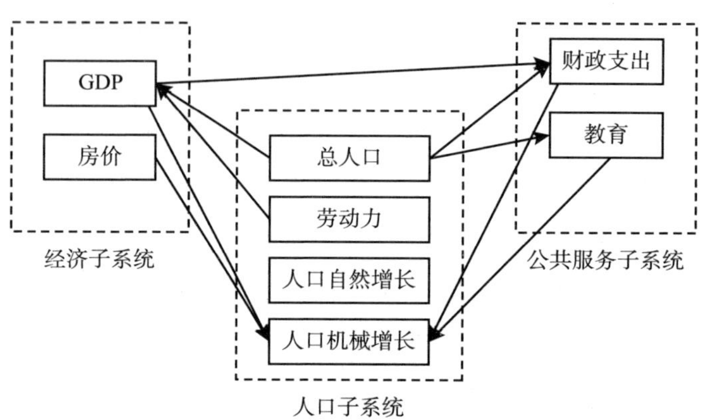

图5－1　广州市人口、经济、公共服务系统结构

主要思路如下：

一是以人口子系统为核心。我们的研究重点着眼于人口发展，所以以人口子系统为核心。人口子系统中，人口的自然增长率和机械增长率决定了人口总数及劳动力总数。

二是考虑人口子系统和经济子系统的关系。经济总量由资产存量、劳动力数量和技术水平决定，所以人口子系统中的劳动力数量的增加会提高GDP。经济发展水平的提高会吸引人口流入，但同时人均GDP上升会增加低收入群体的生存压力，导致人口迁出。

三是公共服务水平和人口的关系。优质的公共服务会吸引人口迁入，与此同时，总人口的增加会降低人均公共服务水平。

四是经济发展和公共服务的关系。经济发展水平决定财政收入和公

共服务。

三、广州市2040年人口预测模型构建框架

如前所述，系统流图分为经济子系统、公共服务子系统和人口子系统，在本章我们将依次展开。

（一）经济子系统

毫无疑问，经济发展是我国城市发展的主旋律，经济发展为城市发展奠定了物质基础，提升人均收入。人均收入的提高，一方面吸引人口涌入大城市，另一方面会挤出部分收入较低的人群，形成经济因素对人口机械增长的影响机制。反过来，人口数量的变动又会带来劳动力数量的改变，进而影响第一产业、第二产业和第三产业的产值，对经济系统形成反馈关系。

在本研究的系统动力学模型中，经济系统将聚焦产业结构。各产业比重在很大程度上决定了经济绩效，并通过经济效益影响人口变化。影响经济发展的因素主要是投资，经济发展的主要来源是生产性投资的注入，并随着生产投资的增加而增加，所以我们选择固定资产投资作为水平变量。

此外，我们在经济子系统中纳入了房价因素。近二十年来我国各地房价迅速上涨，房价的快速上升极大地提高了城市生活的成本，对城市人口的增长具有挤出效应。国内文献在关于房地产价格和人口迁移的关系研究问题上，较多地聚焦在人口迁移对房地产价格的影响（王春艳、吴老二，2007；王立平，2013；黄庆华、姜松，2014等）。马克·伯格（Mark C. Berger，1992）对比1975年和1980年人口迁移数据，发现当地生活质量、工资和住房价格是选择目的地的原因。迈克尔·波特潘（Michael J. Potepan，1994）通过1975～1980年52个大都市区数据，验证了高的净移民率会使都市房价上涨，同时高房价阻碍进一步净移民。比杰科尔等人（Bijker et al.，2012）认为环境、个人的身体素质及低房价是荷兰人口迁移的动机。国内研究方面，龚敏健和黄晨熹（2009）的

研究认为城市的高房价、高房租没有限制人口迁移，但是作者没有做统计和计量的分析检验。

经济子系统流图如图 5－2 所示。

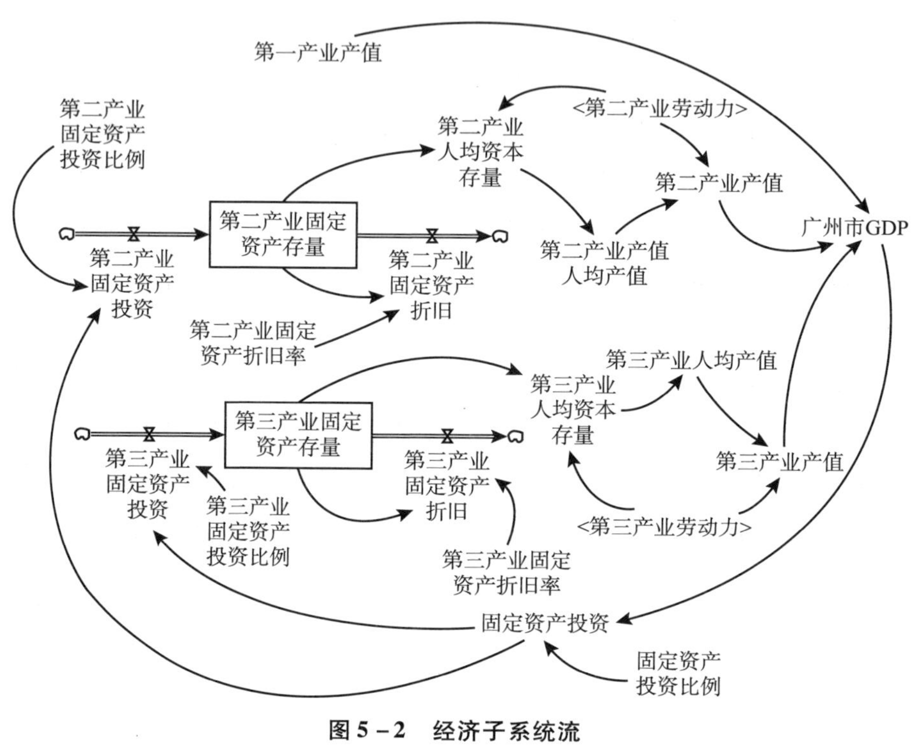

图 5－2　经济子系统流

经济子系统的基本逻辑是：

我们以 Cobb－Douglas 生产函数分析投入与产出，并假设规模报酬不变。第二产业和第三产业的人均资本存量决定其各自的人均产值，进而决定第二产业和第三产业的总产值。

第一产业的固定资产存量 2000～2005 年迅速增加，而后基本保持不变，从 2000～2005 年，劳动力数量迅速减少。并且，通过计量分析发现，第一产业产值是其自身滞后一阶的自回归函数，同时又因为第一产业产值较小，在生产总值中占比较小，在本书分析中也不占主要地位，所以我们把第一产业产值设置为其自身滞后一阶的函数。

三次产业生产总值之和是广州市GDP。

由固定资产投资比例、第二产业固定资产投资比例、第三产业固定资产投资比例决定第二产业和第三产业的固定资产投资金额，进而决定资本存量，再根据劳动力数量得到人均固定资产。

在GDP决定部分，我们选择第二产业固定资产投资和第三产业固定资产投资作为水平变量。速率变量是第二产业固定资产投资、第三产业固定资产投资、第二产业固定资产折旧、第三产业固定资产折旧。设定的辅助变量包括第一产业产值、第二产业产值、第三产业产值、GDP、固定资产投资。设定的常数包括固定资产投资比例、第二产业固定资产投资比例、第三产业固定资产投资比例、第一产业固定资产折旧率、第二产业固定资产折旧率、第三产业固定资产折旧率。同时涉及到人口子系统的第二产业劳动力和第三产业劳动力，这两个变量在经济子系统中作为影子变量。

我们通过Cobb - Douglas生产函数回归得到第二产业、第三产业的生产方程，通过一阶滞后模型得到第一产业生产总值函数。具体内容见附录2。我们通过求几何平均值得到其他参数。

（二）公共服务子系统

较多的文献表明，地方政府的公共服务水平对人口迁移是有影响的（李培和邓慧慧，2007；戴丽娜和王青玉，2011；童玉芬和王莹莹，2016），普遍的观点是高水平的公共服务会引致人口迁入。所以，我们在模型中引入公共服务子系统与其他因素构成反馈。

公共服务子系统流见图5 - 3。

公共服务的指标比较多，典型的包括医疗服务、教育、基础设施建设等，考虑到诸多因素，我们选取了教育作为唯一的指标。

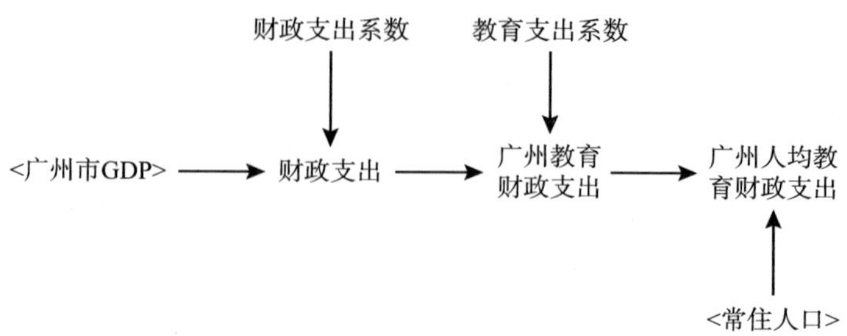

图5－3　公共服务子系统流

广州市财政的医疗支出难以衡量广州市医疗资源的服务水平。广州是国内三大医疗中心之一，有大量的外地患者到广州求医，广州的医疗资源一直是饱和使用的。另外，广州是省会城市，还有大量的省属医院，省级财政也安排了资金用于广州地区的医疗服务。广州有多所医科高等院校，这些学校还能从中央、省财政拿到科研资金，这些资金实际上也提高了广州市的医疗服务水平。在服务对象不确定、资金来源多样化的情况下，广州市财政关于医疗的支出不适合作为衡量广州地区医疗公共服务水平的指标。

而且，如果把广州医疗财政支出纳入到人口迁移的计量模型中，则与广州教育财政支出产生了多重共线性，无法有效回归。基于这些考虑，我们没有把广州医疗财政支出纳入到公共服务子系统，仅以广州教育财政支出作为代表公共服务水平的变量。

同样，基础设施建设也存在资金来源多元化的情况，不仅仅有广州市财政资金的直接投入，还有来自省市的资金，相关融资平台的资金，我们没有掌握适合纳入系统的数据作为指标。

公共服务子系统的辅助变量包括广州市财政支出、广州教育财政支出、广州人均教育财政支出。常数包括财政支出系数、教育支出系数。其他子系统的广州市 GDP 和常住人口是公共服务子系统的影子变量。

我们通过求平均值的方法确定了公共服务子系统中财政支出系数和教育支出系数两个常数。

（三）人口子系统

人口子系统是我们分析的重点，是三个子系统的核心系统。

传统的方法将人口增长分为自然增长和机械增长两部分，自然增长包括出生和死亡，机械增长包括迁入和迁出，在统计完全和人口变化不大时，采用这样的方法估算误差可控。但是广州是一个人口大量迁入的城市，非户籍常住人口和户籍人口体量相当，迁入、迁出非常迅速。非户籍常住人口与户籍人口等量的流动人口参与了广州市的经济建设和社会发展，同时也分享了广州市的公共服务和社会资源，所以我们选取常住人口作为人口总量的分析对象。

现在的人口统计中还不包括对非户籍常住人口出生和死亡的统计，我们无法通过传统的方法来确定人口的自然增长和机械增长。针对这一状况，我们遵循传统的将人口变化分为自然增长和机械增长的思路，对这一方法进行适当修正。

在当前的人口迁徙过程中，很常见的一种情况是流动人口回到原籍所在地生小孩，或者在广州生了小孩之后送回原籍所在地抚养，还有一部分流动人口退休后回到原籍所在地。

我们可以在观念上构造这样的过程：

全部流动人口回到原籍所在地生小孩，然后再根据广州的公共服务水平考虑是否将小孩带回广州抚养，带回广州抚养的小孩看做是迁入的人口；全部流动人口死亡前回到原籍所在地，看做是迁出的人口。

这样便可以把流动人口的自然增长转化为广州市总人口的机械增长，而广州市常住人口的自然增长则只包括现有的户籍人口的自然增长，这样处理便于模型参数的估计和设置，也比较符合我们现有的数据情况。

我们将常住人口分为人口 1 和人口 2，人口 1 包括初始年份的户籍人口及其后续年份的自然增长部分，人口 2 包括初始年份的流动人口及户籍人口后续的机械增长部分、流动人口的自然增长、流动人口的机械增长，如表 5 - 1 所示。

表 5 –1　　人口 1 和人口 2 的划分示意

人口	自然增长	机械增长
户籍人口	人口 1	人口 2
流动人口		

人口子系统流如图 5 –4 所示。

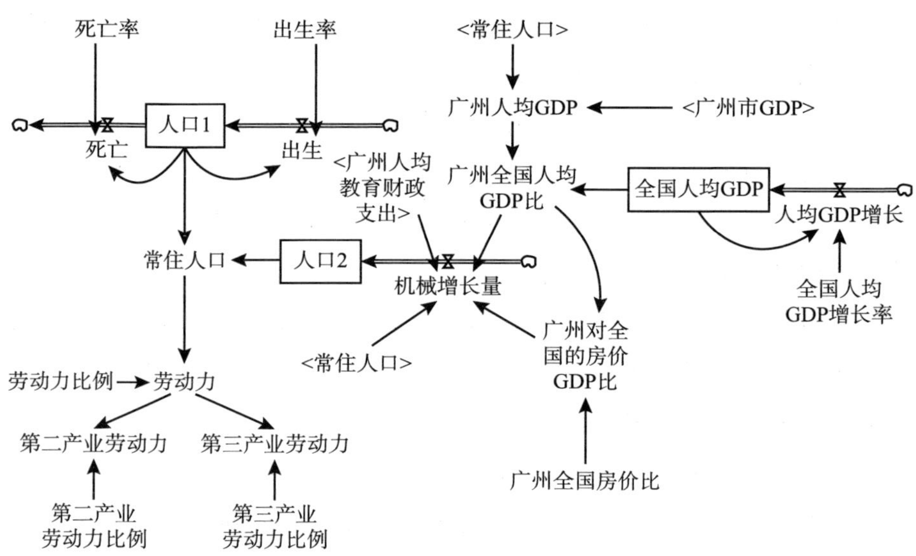

图 5 –4　人口子系统流

人口子系统的思路如下：

（1）常住人口分为人口 1 和人口 2 两个部分，人口 1 只包括自然增长部分，人口 2 只包括机械增长部分。

（2）根据常住人口数量和劳动力比例确定劳动力数量，再进一步确定第二产业劳动力和第三产业劳动力。

（3）人口 2 的机械增长受广州市人均教育财政支出、广州全国人均 GDP 比、广州对全国的房价 GDP 比、常住人口四个因素影响。

水平变量包括人口 1、人口 2 和全国人均 GDP。速率标量包括死亡、出生、机械增长量、全国人均 GDP 增长。辅助变量包括常住人口、劳动力、第二产业劳动力、第三产业劳动力、死亡率、出生率、广州人均GDP、广州全国人均 GDP 比、全国人均 GDP 增长率、广州对全国的房价 GDP 比。常数包括劳动力比例、第二产业劳动力比例、第三产业劳动力比例、广州全国房价比、全国人均 GDP 增长率。

人口子系统是本研究的核心系统，人口 1 和人口 2 的速率变量也是我们研究的重点所在。出生率受国家计划生育政策影响，全面开放二孩对出生率政策冲击非常大，我们根据齐美东（2016）的预测进行修正。死亡率受人口年龄结构和预期寿命影响，我们根据 1990 年第四次人口普查的人口年龄结构预测了未来的死亡率。详细情况请见附录 3。

我们采用计量的方法测算了机械增长的函数，从而确定了广州人均教育财政支出、广州全国人均 GDP 比、广州对全国的房价 GDP 比和常住人口四个因素对人口 2 机械增长量的影响。详细情况请见附录 4。

四、模型检验和仿真

确定模型结构和模型参数之后，必须要对模型进行检验，以验证模型的有效性。我们采用 Vensim PLE 软件进行模型架构和仿真，模型通过了结构检验和单位检验，运行界面见附录 1。当然还需要对模型进行历史检验。我们以 2010 年为模型运行起点，预测出 2011 ~ 2015 年的人口和 GDP 数值，并将预测值与真实值对比，相关的人口数据详见图 5 - 5 和表 5 - 2，GDP 数据详见图 5 - 6 和表 5 - 3。

从以上 2011 ~ 2015 年广州市人口和 GDP 值的图表中可以看出，仿真模拟的常住人口预测值与真实值对比，误差最大不超过 3.41%，GDP 的预测值与实际值的误差最大是 4.58%。一般认为，预测误差不超过 5% 就说明仿真模型具有较好的准确性，两个关键数值的预测误差都在 5% 以内，证明本模型具有较好的预测准确性。

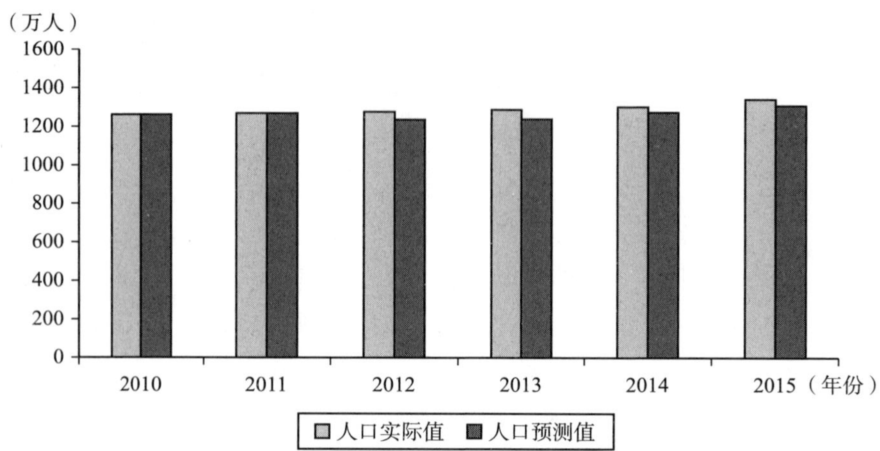

图 5-5　2011～2015 年广州市常住人口预测值与实际值

表 5-2　2011～2015 年广州市常住人口预测值与实际值误差分析 单位：万人

时间	2011 年	2012 年	2013 年	2014 年	2015 年
常住人口预测值	1273	1240	1250	1279	1318
常住人口实际值	1275.14	1283.89	1292.68	1308.05	1350.11
误差	-0.16%	-3.41%	-3.30%	-2.22%	-2.37%

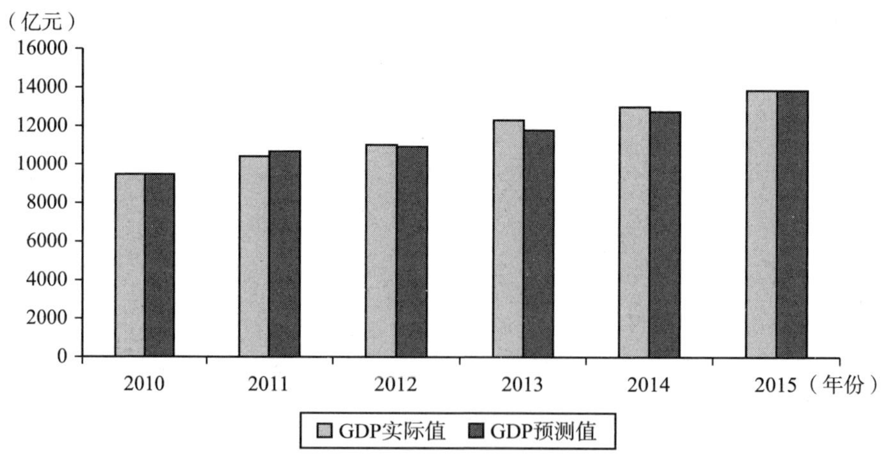

图 5-6　2011～2015 年广州市 GDP 预测值与实际值误差

表5－3　2011～2015年广州市GDP预测值与实际值误差分析　单位：亿元

时间	2011年	2012年	2013年	2014年	2015年
GDP预测值	10754	10986	11801	12811	13901
GDP实际值	10475.08	11089.37	12368.1	13031.88	13891.34
误差	－2.66%	0.93%	4.58%	1.69%	－0.06%

第三节　不同政策方案下广州市未来人口增长趋势仿真模拟

如前所述，我们通过对系统动力学的分析和人口、经济、公共服务三个子系统的分析，建立了广州市人口系统动力学模型，在附录2、附录3和附录4中确定了关键参数。

此外，根据《广州经济社会发展十三五规划》以及实现人口、经济、社会全面协调可持续发展、世界城市发展目标，调整产业结构，实行科技文化双轮驱动的创新发展模式势在必行。现行的户籍制度等一些阻碍中国城市发展的制度也亟待改革。

基于此，以下我们将分别考虑原有经济环境不发生变化的基准方案、出生率变化方案、不同产业发展水平方案、教育支出变化方案和房地产价格变化方案五个不同方案对广州市2040年人口的影响。

一、基准方案

如果按照当前的经济增长速度和劳动生产率、产业结构变化趋势发展，从2015～2040年，广州市常住人口呈波段性增长趋势，到2040年常住人口达到2078.67万人，年均增长1.74%。增长趋势如图5－7所示。

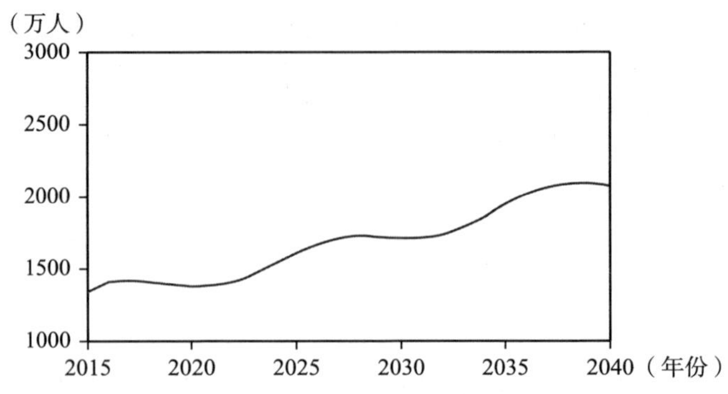

图5-7 基准方案下2015~2040年广州市常住人口规模预测

常住人口中，增量主要来自于人口2部分的机械增长，2015~2040年人口1部分的变化较小。人口1在2040年达到951.1万人，年均增速4.6‰（见图5-8）。人口2的变化是导致总人口变化的最主要因素。从2015~2040年，人口2呈波段性增加，到2040年，人口2达到1127.6万人，年均增长3.3%（见图5-9）。

具体来看，人口1的出生人数和死亡人数变化趋势如图5-10和图5-11所示，关于出生率和死亡率的设定详见附录3。

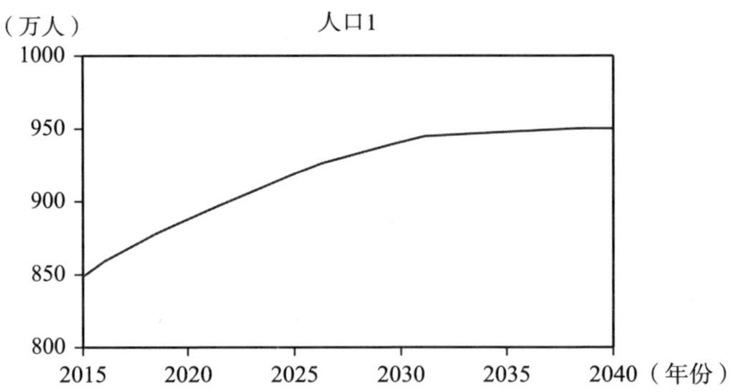

图5-8 基准方案下2015~2040年广州市户籍人口自然增长量预测值

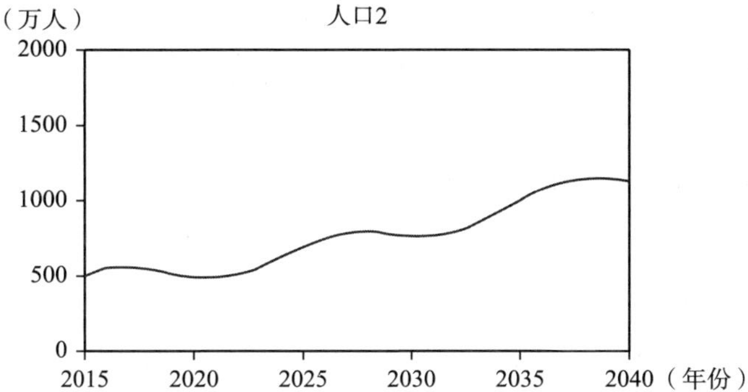

图5-9　基准方案下2015~2040年广州市户籍人口和流动人口机械增长量预测

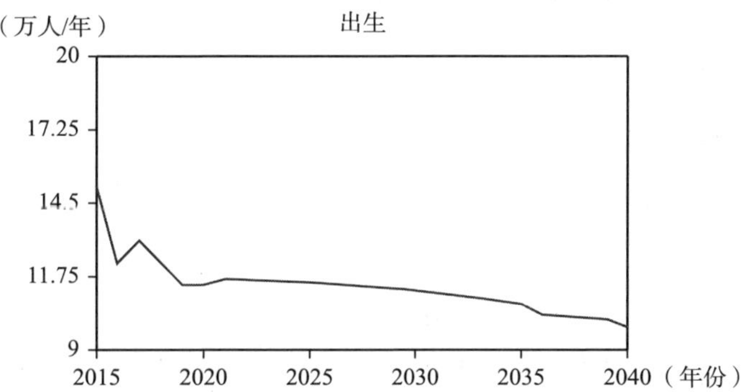

图5-10　基准方案下2015~2040年广州市户籍人口出生数预测

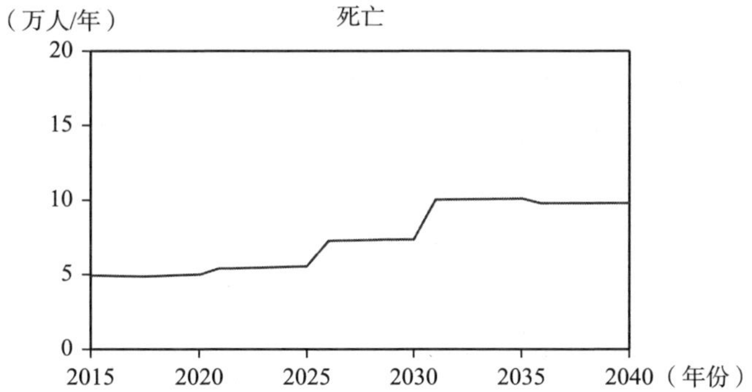

图5-11　基准方案下2015~2040年广州市户籍人口死亡数预测

从2015～2030年的15年是人口1的高速增长阶段，期间人口出生数量维持在11万人以上，而人口死亡率还较低。到2030年后，出生率下降和死亡率增加导致人口1增速放缓，2030～2040年人口1基本保持稳定，变动极小，与翟振武（2016）预测的2028年全国总人口增长出现拐点在时间上基本一致。

广州市的GDP到2040年将达到7.02万亿元（2000年基准价格），是2015年的5.1倍，平均每年增长6.9%（见图5－12）。

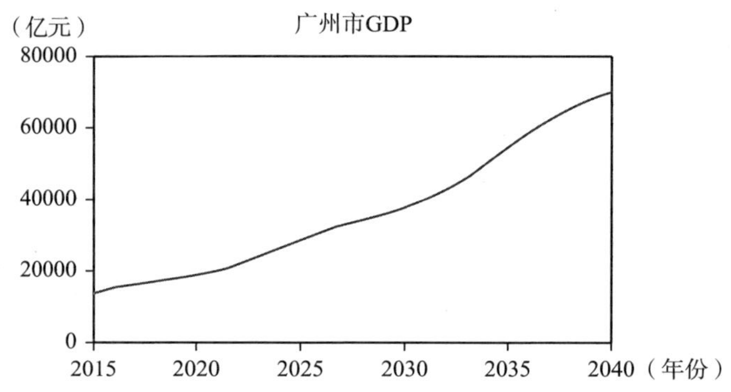

图5－12　基准方案下2015～2040年广州市GDP生产总值预测

从结构上来看，第一产业增速逐年放缓，到2038年第一产业产值达到200亿元之后几乎停止增长（见图5－13）。第二产业产值从2015年的4394.58亿元增长到2040年的20731.2亿元，年均增长6.4%，25年间基本保持平稳增长（见图5－14）。第三产业产值从2015年的9322.8亿元增长到2040年的49246.2亿元，年均增长6.9%，第三产业在经济总量中的占比从2015年的67.1%提高到2040年的70.2%（见图5－15）。

人均GDP从2015年的10.3万元增长到2040年的33.8万元（按2000年基期价格计算），按现行汇率计算，达到了5万美元，从这个意义上来看，达到了发达国家水平（见图5－16）。

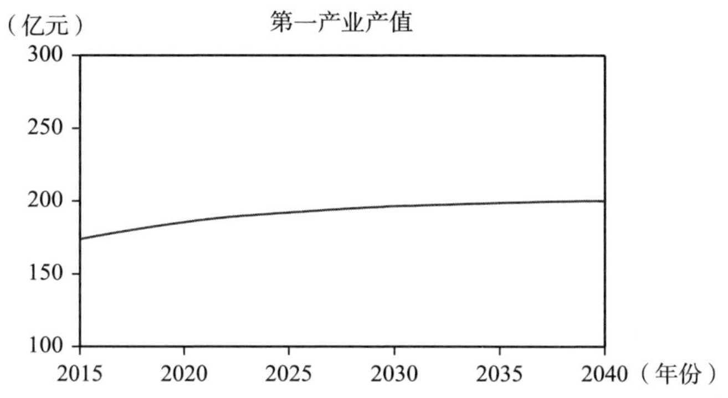

图5－13　基准方案下2015～2040年广州市第一产业产值预测

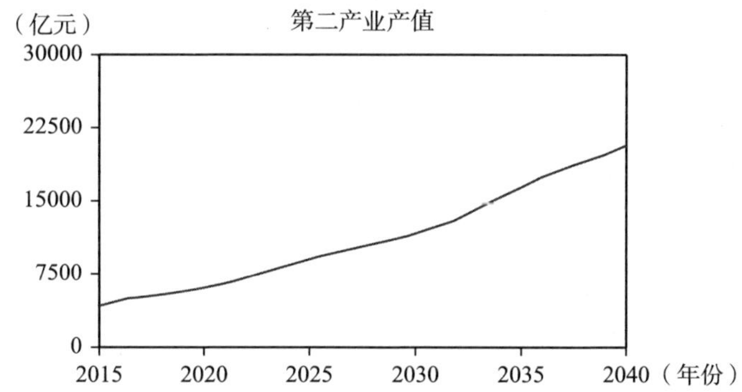

图5－14　基准方案下2015～2040年广州市第二产业产值预测

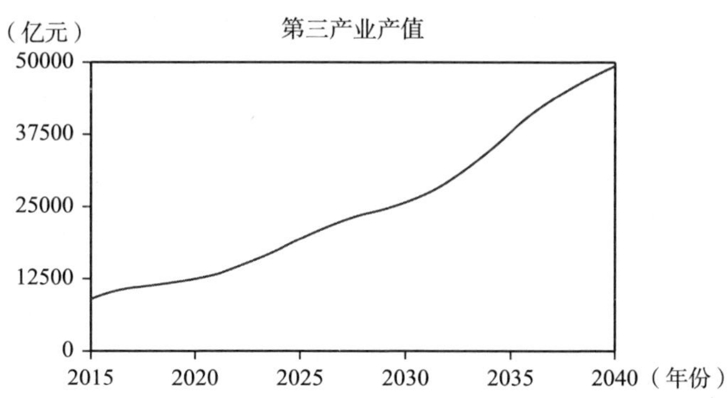

图5－15　基准方案下2015～2040年广州市第三产业产值预测

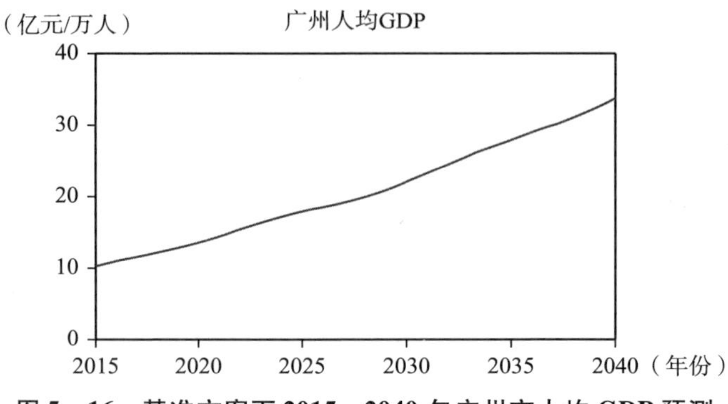

图5－16 基准方案下2015～2040年广州市人均GDP预测

北京近年来着力疏解非首都功能和转移部分产业，上海《上海市城市总体规划（2016～2040）》提出到2040年将常住人口控制在2500万人左右，而2016年底上海市常住人口已经高达2416万人，也就是意味着未来二十年不打算增加常住人口。在北京和上海都表现出控制城市规模的政策倾斜的情况下，我们的仿真模拟结果显示，如果不加以政策控制，到2040年广州市人口将增加54%。

二、出生率变化方案

出生率受育龄妇女的生育意愿、宏观社会环境和社会政策影响，我们在基准方案之外，分别将人口出生率上调5‰和下调5‰，设定高生育率方案和低生育率方案，人口1部分的变化趋势如图5－17所示。

从表5－4的数据变化情况来看，高生育率方案和低生育率方案的常住人口数量和GDP相差不大，所以我们没有再列出常住人口及GDP的曲线图。高生育率方案的常住人口比基准方案增加12万人，其中人口1增加了125万人，人口2减少了113万人。低生育率方案的常住人口比基准方案减少了11万人，其中人口1减少了111.5万人，人口2增加了100万人。以上变化说明高低生育率方案对人口总数的影响不大，但是较快增长的人口1会对人口2产生挤出效应。高低生育率方案的生育率相差1%，是非常大的数字，但是广州人口增加的主要来源是机械

增长，出生率差异对广州常住人口的影响比较有限。

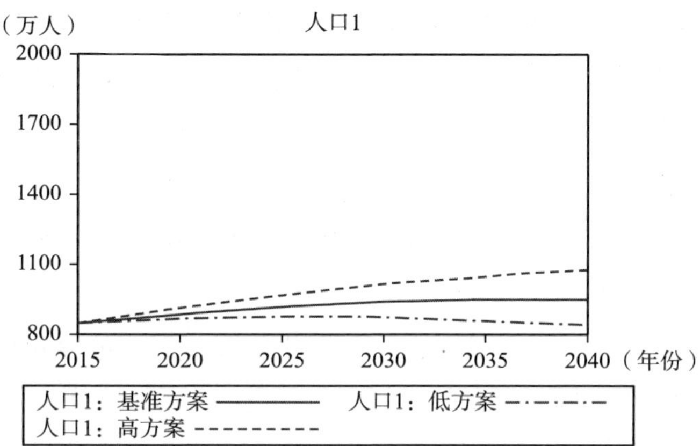

图5－17　不同出生率方案下2015～2040年广州市户籍人口自然增长数预测

表5－4　基准、高生育率、低生育率方案下的2040年人口预测和GDP产值预测

方案	常住人口（万人）	人口1（万人）	人口2（万人）	GDP（万亿元）	第二产值（万亿元）	第三产值（万亿元）
基准方案	2078	951.06	1127	7.0177	2.0731	4.9246
高生育率方案	2090	1076.00	1013	7.0448	2.0795	4.9452
低生育率方案	2067	839.53	1228	6.9926	2.0673	4.9052

三、不同产业发展水平方案

从2017年的固定资产投资变化情况来看，第一产业固定资产投资在1%以下，第二产业固定资产投资的占比逐年下降，第三产业固定资产投资的占比逐年上升。经济增长方式转变的重要内容是产业结构调整，目前研究大多认为我国第二产业比例过高，中国产业结构调整的重要方向是提高第三产业的比例。但是发达国家的第三产业占比较高是其经济发展的结果，并非经济发展的目的。发达国家第三产业比例不断提高，并非反映了第三产业是产业升级的方向，也绝非说明了第三产业比第二产业高级，美国时任总统特朗普提出美国“再工业化”即是明证。而且发达国家第三产业比例不断提高的同时，最终消费中第二产业提供的商品比例并没有大幅下降，说明发达国家的第三产业占比高是以发达的国际贸易为基础，以发展中国家第二产业的快速发展为前提。在现有技术经济条件下，全球性的第三产业占比大幅提高并不稳定。第二产业特别是制造业的加快发展仍旧是广州产业升级的方向及产业政策的着力点。

参考这个趋势，我们采取两种方案调整第二产业的固定资产投资比例。一种是倾向于第二产业的“重工业方案”，另一种是倾向于第三产业的“重服务业方案”。在模型中将第二产业固定资产占比逐年匀速上调，到2040年比2015年上升5%，将第三产业固定资产投资占比逐年匀速下调，到2040年比2015年下调5%，作为“重工业”方案。在模型中将第二产业固定资产投资占比逐年下调，到2040年比2015年下降5%，将第三产业固定资产投资占比逐年上调，到2040年比2015年提高5%，作为“重服务业”方案。

不同的方案模拟仿真结果见图5－18～图5－22。

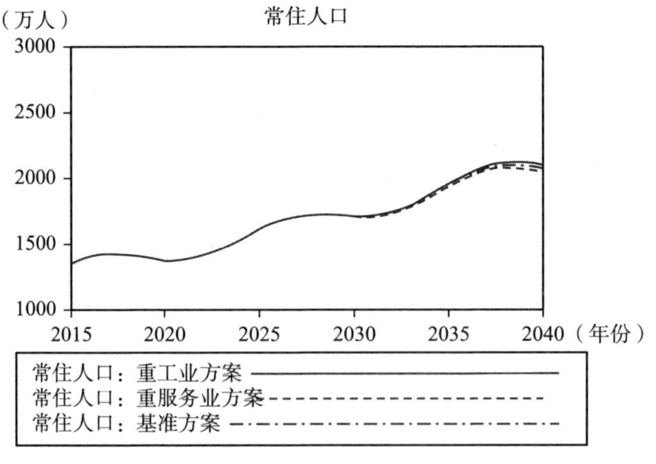

图5－18　不同产业方案下2015～2040年广州市常住人口数预测

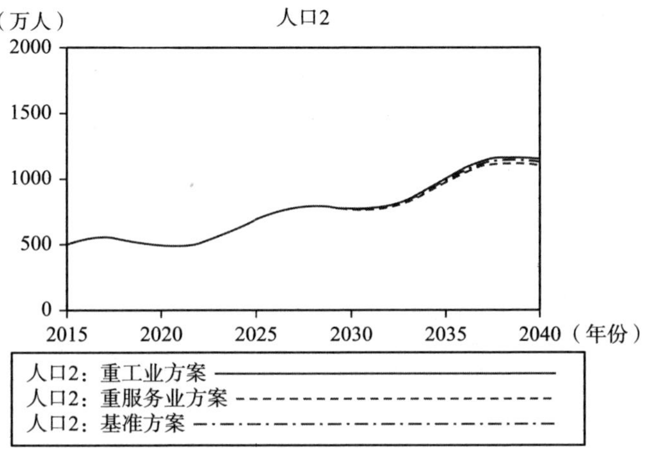

图5－19 不同产业方案下2015～2040年广州市户籍人口和流动人口机械增长

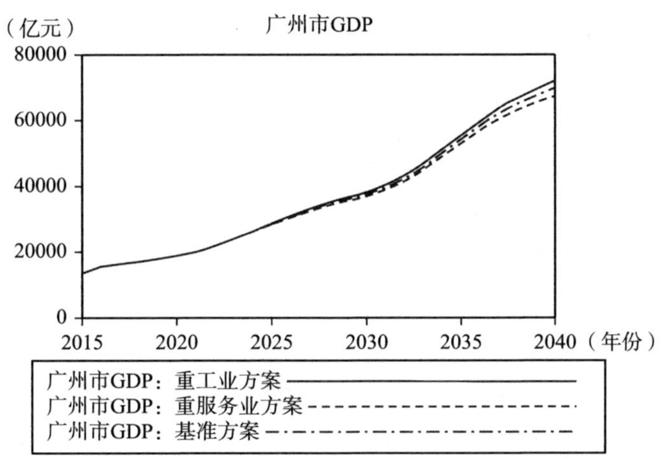

图5－20 不同产业方案下2015～2040年广州市GDP生产总值预测

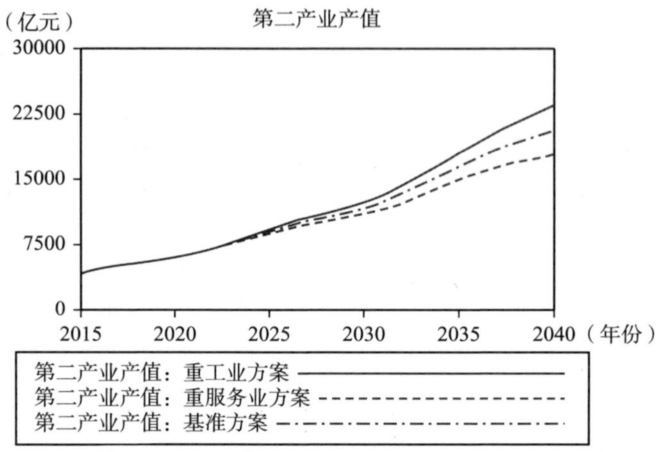

图 5－21　不同产业方案下 2015～2040 年广州市第二产业产值预测

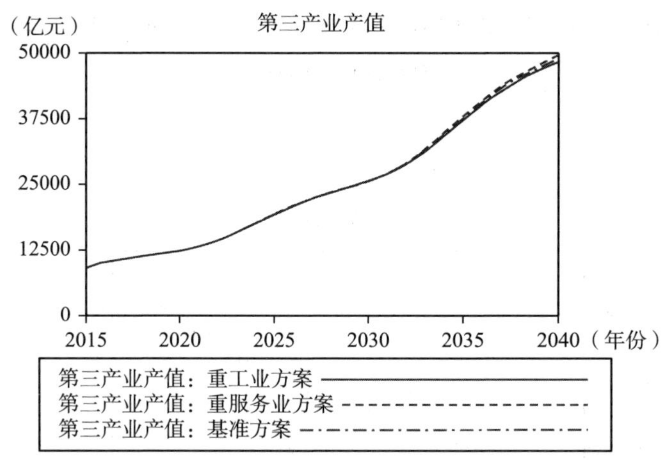

图 5－22　不同产业方案下 2015～2040 年广州市第三产业产值预测

表 5－5 列出了基准方案、重工业方案、重服务业方案 2040 年广州人口及经济情况。我们发现，重工业方案的经济效益更好一些，相比重服务业方案，GDP 提高了 0.22 万亿元，而且第三产业产值下降幅度非常小，与重服务业方案的第三产业产值基本持平，其原因是第二产业的资本弹性系数高于第三产业的资本弹性系数。

表5－5　基准、重工业、重服务业方案的2040广州市年人口预测和GDP产值预测

方案	常住人口（万人）	人口1（万人）	人口2（万人）	GDP（万亿元）	第二产业产值（万亿元）	第三产业产值（万亿元）
基准方案	2078.67	949.33	1127.60	7.02	2.07	4.92
重服务业方案	2050.50	949.33	1099.43	6.78	1.79	4.97
重工业方案	2104.81	949.33	1153.74	7.24	2.36	4.87

三个方案的人口数量变化不大，重服务业方案的常住人口数比基准方案低1.4%，重工业方案的常住人口数比基准方案高2.5%。重工业和重服务业两个方案的仿真模拟结果表明，固定资产投资比例的变动对人口变化影响较小。

四、教育支出变化方案

在我们的模型中，广州和全国的人均教育财政支出差额对常住人口有正影响，我们调整财政资金中教育支出的比例，在9.8%的基础上分别逐年增加或者逐年减少，到2040年提高至13.8%或者下降到5.8%，这两个方案分别为高教育支出方案和低教育支出方案。趋势图如图5－23～图5－27所示。

从表5－6中我们可以发现，提高教育支出对于吸引人口有很大作用，如果将教育支出逐步提高到13.8%，其他条件不变的话，到2040年广州市人口将达到2374万人，比基准方案高14%。而教育支出低方案下人口和GDP都将大幅减少。

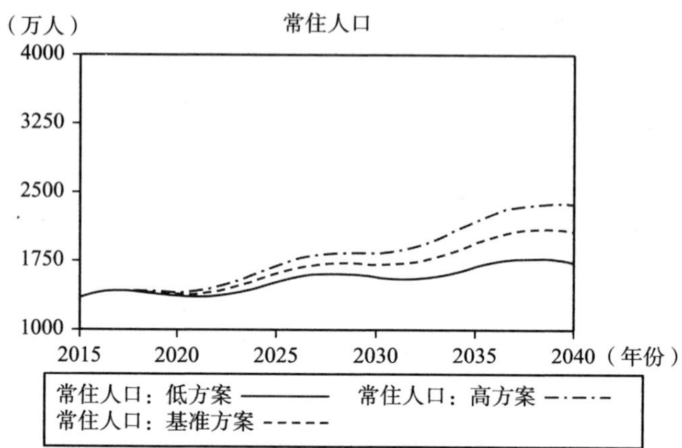

图 5-23　不同教育支出方案下 2015～2040 年广州市常住人口规模预测

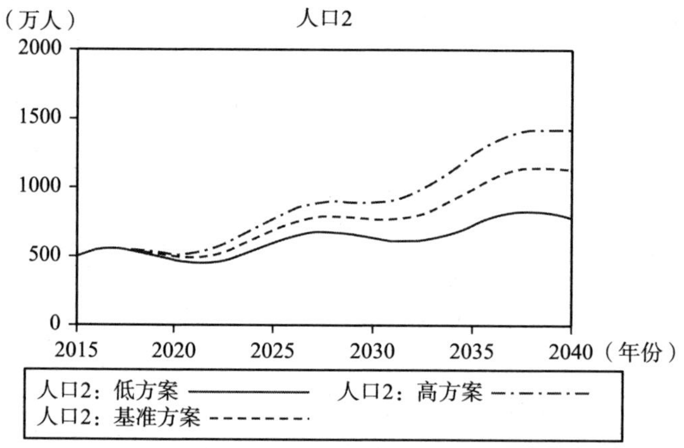

图 5-24　不同教育支出方案下 2015～2040 年广州市户籍人口和流动人口机械增长量预测

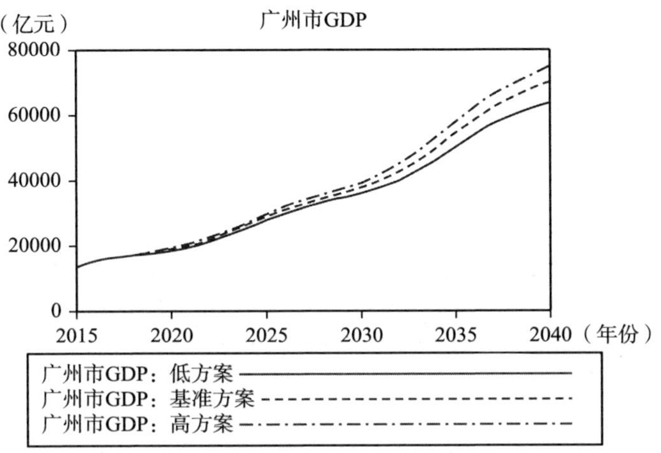

图5－25　不同教育支出方案下2015～2040年广州市GDP生产总值预测

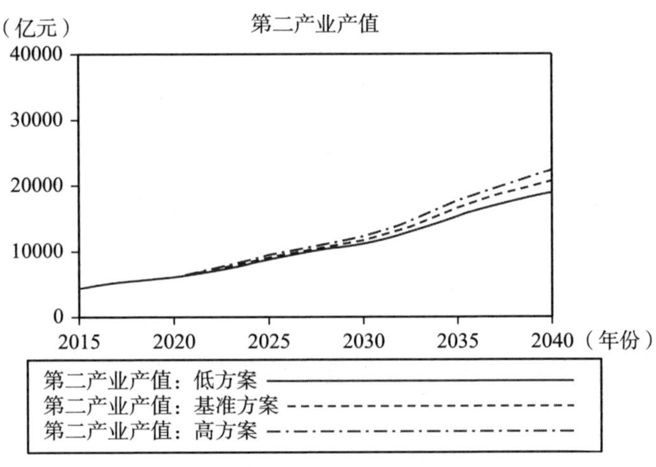

图5－26　不同教育支出方案下2015～2040年广州市第二产业产值预测

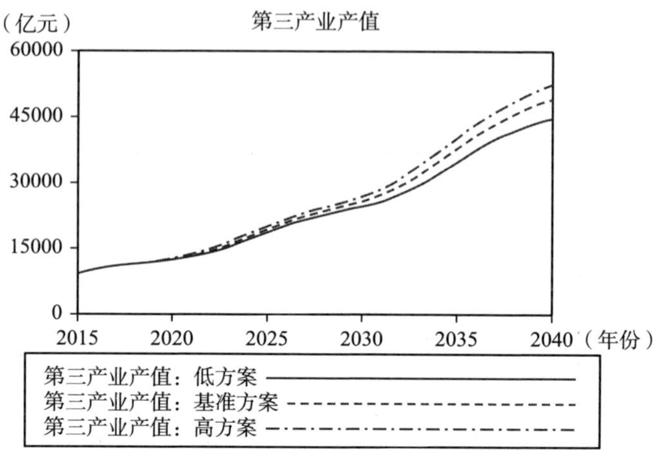

图 5－27　不同教育支出方案下 2015～2040 年广州市第三产业产值预测

表 5－6　基准、高教育支出、低教育支出方案的 2040 广州市年人口预测和 GDP 产值预测

方案	常住人口（万人）	人口 1（万人）	人口 2（万人）	GDP（万亿元）	第二产值（万亿元）	第三产值（万亿元）
基准方案	2078	951.06	1127.00	7.0177	2.0731	4.9246
高教育支出案	2374	951.06	1423.00	7.5324	2.2369	5.2754
低教育支出方案	1739	951.06	788.29	6.1856	1.8761	4.4811

五、房地产价格变化

房地产价格是生活成本的重要组成部分，在人口净迁移回归中，人口净迁移数量和广州对全国的房地产价格 GDP 比负相关，我们这部分考察广州房地产相对全国房地产价格相对上涨或者下降两种方案对系统产生的影响。

第一种方案是房地产涨价方案，假设广州对全国房地产相对价格逐年上升，到 2040 年相对上涨 20%。第二种方案是房地产降价方案，假设广州对全国房地产相对价格逐年下降，到 2040 年相对降价 20%。

这两种方案的影响如图5－28～图5－32。

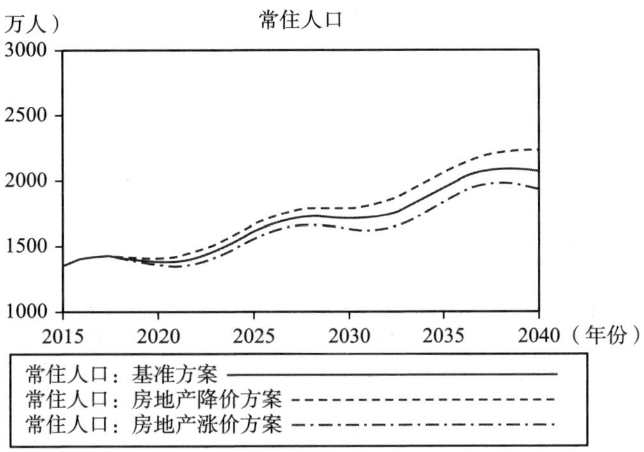

图5－28　不同房地产价格变化方案下2015～2040年广州市常住人口

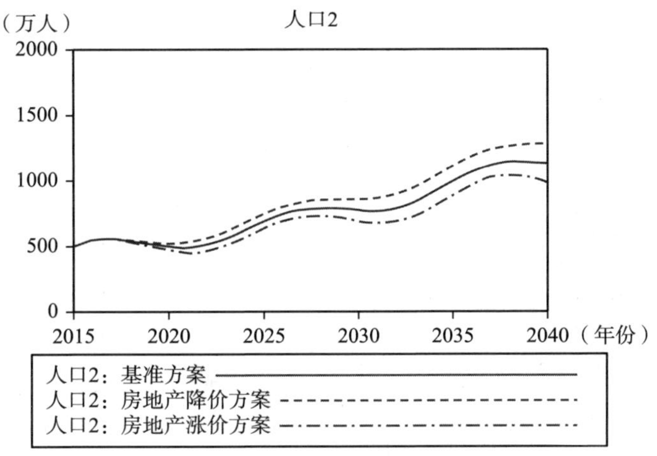

图5－29　不同房地产价格变化方案下2015～2040年广州市户籍人口和流动人口机械增长量预测

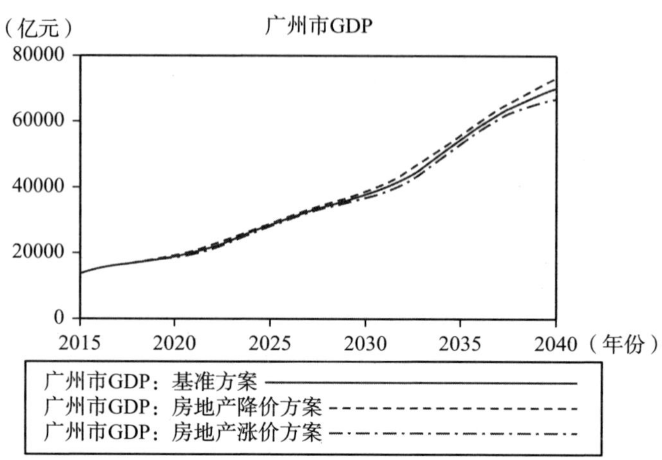

图 5-30　不同房地产价格变化方案下 2015~2040 年广州市 GDP 生产总值预测

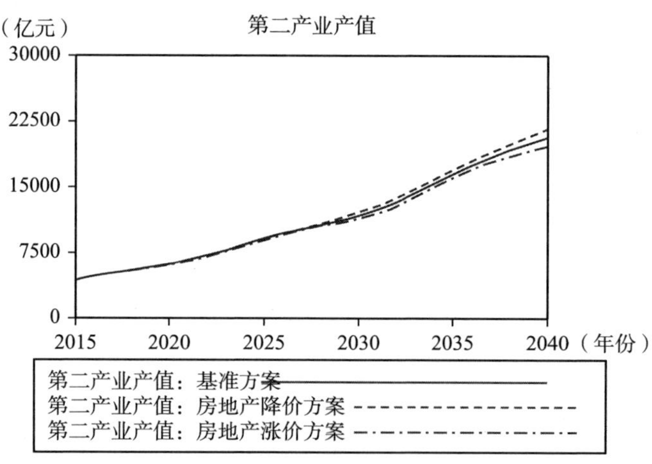

图 5-31　不同房地产价格变化方案下 2015~2040 年广州市第二产业产值预测

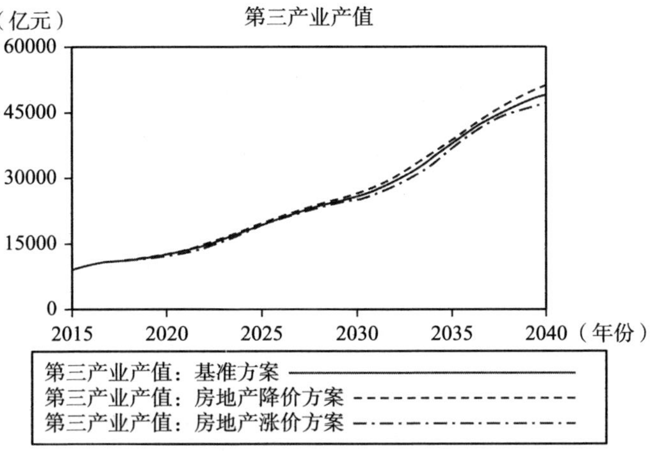

图5－32　不同房地产价格变化方案下2015～2040年广州市第三产业产值预测

由表5－7可见，在其他条件不变的情况下，到2040年，高房价方案广州市常住人口减少155.1万，下降7.46%，GDP减少0.31万亿元，下降5.42%。低房价方案常住人口增加156.6万人，上升7.53%，GDP增加0.31万亿元，增长5.42%。

表5－7　基准、房地产涨价、房地产降价方案的2040年人口与GDP产值预测

方案	常住人口（万人）	人口1（万人）	人口2（万人）	GDP（万亿元）	第二产业产值（万亿元）	第三产业产值（万亿元）
基准方案	2078.67	949.33	1127.60	7.02	2.07	4.92
房地产涨价方案	1933.57	949.33	1284.20	6.71	1.98	4.71
房地产降价方案	2235.27	949.33	982.51	7.33	2.17	5.14

第四节　不同政策下2040年广州市人口预测仿真结论及应对建议

在本章，我们构建了广州人口增长的系统动力学模型，并通过不同的政策方案分析不同政策调整对人口调控的影响，详见表5－8：

表5－8　　不同政策方案下2040年广州市人口与GDP产值预测

方案	常住人口（万人）	人口1（万人）	人口2（万人）	GDP（万亿元）	第二产业产值（万亿元）	第三产业产值（万亿元）
基准方案	2078.67	949.33	1127.60	7.02	2.07	4.92
高生育率方案	2090.00	1076.00	1013.00	7.04	2.08	4.95
低生育率方案	2067.00	839.53	1228.00	7.00	2.07	4.91
重服务业方案	2050.50	949.33	1099.43	6.78	1.79	4.97
重工业方案	2104.81	949.33	1153.74	7.24	2.36	4.87
高教育支出方案	2374.00	951.06	1423.00	7.53	2.24	5.28
低教育支出方案	1739.00	951.06	788.29	6.19	1.88	4.48
房地产涨价方案	1933.57	949.33	1284.20	6.71	1.98	4.71
房地产降价方案	2235.27	949.33	982.51	7.33	2.17	5.14

由表5－8可以得出以下基本结论：

（1）2040年广州常住人口规模约为2000万人左右（1739.0万人至2235.3万人）。

从短期来看，到2020年，广州常住人口规模预测约为1380万人，低于《广州市人口发展和基本公共服务体系建设第十三个五年规划（2016～2020年）》中提出的“到2020年将常住人口控制在1550万左右”的数值。短期内人口管理压力较小。

从中长期看，到2040年，我们的多个模拟方案中，基准方案的广州常住人口规模是2078.7万人，最少的是低教育支出方案（1739.0万人），最多的是房地产降价方案（2235.3万人）。总的来说，到2040年广州人口规模约为2000万人，中长期存在一定的人口管理压力。

建议从短期和中长期两尺度，依据人口预测结果，根据广州市的城市发展目标，建立城市规划和公共服务供给的应对策略。

（2）2040年广州经济总量将达到7万亿元，人均GDP将超过30万元。

多个模拟方案显示，2040年前经济总量将维持中高速增长。到2040年，广州经济总量将达到7万亿元水平（以2000年物价水平计算），年均增长6.9%左右，人均GDP超过30万元人民币，达到2016年美国的人均GDP水平。

建议根据人均GDP的增长情况，研究更高经济发展水平下社会特征，借鉴发达国家先进经验，进行新形势下产业发展和公共服务的前瞻性预测和供给侧改革研究。

（3）生育率变化对广州常住人口规模的影响较小，生育制度的调整无法起到调节2040年前的常住人口规模的作用。

高生育率方案和低生育率方案中，2040年人口1的规模的数据差异相差四分之一左右，但是常住人口规模仅相差23万人。其原因是人口1的增长会降低人均公共服务支出，减少人口净迁入，从而使人口1和人口2形成一对“自动稳定”的关系。这表明生育制度无法调节常住人口规模。

建议正视生育制度调整无法调节2040年常住人口的基本情况，尽早制定前瞻性的人口发展战略；根据全国生育政策，建立相应的政策调整制度。

（4）到2030年，广州的老龄化程度将增长一倍左右。

从附录三的人口出生率和人口死亡率预测来看，2025年之后人口死亡率开始快速攀升，2030～2040年的人口死亡率将达到现在的两倍左右，人口死亡率的变化表征了人口老龄化的程度，表明到2030年广州的老龄化程度将在现有程度上增长一倍左右。

（5）广州的产业结构比较均衡，第二产业和第三产业的比例变化对常住人口规模影响较小。

从数据来看重工业方案和重服务业方案到2040年的人口规模相差仅为54万人。同时，由于第二产业的资本边际收益更高，社会投资向第二产业倾斜可以带来更高的经济收益。

建议保持目前均衡的产业结构现状，综合提升整体产业水平。

（6）公共服务支出和房价变化对常住人口规模影响较大。

广州常住人口的变化主要取决于人口的净迁入，高教育支出方案和低教育支出方案中，2040年人口规模相差36.5%，高房价方案和低房价方案中，2040年人口规模相差15.6%，表明这两个因素对常住人口规模影响较大。

建议公共服务和房价对人口的影响非常大。未来人口规模的调控点正是公共服务和房价两个方面。应根据广州市2040年前的城市发展需要，建立人口发展战略，并落实到公共服务供给和房价调控两个着眼点上来。

第六章

2040 年广州市人口发展战略及建议

第一节　城市和人口发展的理念与思潮

一、人口集聚和规模经济推动城市升级发展

专业化协作生产是生产力发展的根本，而专业化的基础来自于规模经济。城市是规模经济的最重要体现。规模经济体现三大效应。第一个效应为“分享”，人口越密集，分享基础设施投资的企业和人就越多；城市规模越大，城市固定投入的人均投入成本越低。第二个效应是“劳动力市场匹配”，劳动力市场的专业化只有在规模经济达到一定阶段时才能进一步细化。人口越集聚的城市，专业类型越齐全。第三为“学习效应”，劳动力专业化后进一步产生学习效应，低技能的人才可进一步向高技能劳动力学习，形成“人力资本外部性”，推动经济结构的转型升级。规模经济的“分享”“劳动力市场匹配”和“学习效应”推动城市升级和进一步发展。中国城市的问题在于，因户籍等政策的限制，人口流动的自由性不足，人口的集聚程度远远低于经济集中程度，未来人口流动进一步开放，城市人口的集聚程度将持续增加。

以新加坡为例，1965 年独立以来，新加坡逐步走上工业化和建立多

元经济结构的发展道路。为了增强国家的综合竞争实力，新加坡提出了“东南亚大门、现代化城市”的战略构想，将国家的产业发展模式调整为以服务业为中心，加速经济国际化、自由化、高科技化，使新加坡成为国际金融、航运、贸易、电子产品制造和炼油中心。纵观 40 多年新加坡经济的发展历程，可以看出新加坡的经济奇迹与其产业结构的转型有着密切的关系。新加坡的产业结构升级每十年一次。

在新加坡产业结构升级的过程中，政府起着主导和决定作用。为了与其产业结构升级相匹配，新加坡实施了相应的人口发展战略。

一是实施劳动力技能资格制度。对于培养高技能劳动力来说，新加坡人稠地狭，资源匮乏，唯一可贵的是其人力资源。为了促进产业结构的合理发展，新加坡把人力资源作为最重要的资源，于 2005 年正式发起了“劳动力技能资格”制度。该制度主要解决对成年劳动力的需求问题。这是一个涉及技能、课程和资格的综合框架，以支持新加坡对技能人才的继续教育与培训，最终目的是形成一个统一的技能培养策略，从而把技能标准、普通就业技能、某一特定行业或职业的工作培训结合起来，并用一套继续教育与培训的职业资格对这种培训进行认可。共有四个基本的指导原则：权威性、可获得性、适切性和进步性，把继续教育与培训的关键因素纳入到了一个整体策略中。首先，开发技能框架，这一框架由行业群内的职业技能模块、行业知识和技能模块以及普通就业技能模块等组成。上述三个模块纳入到适应行业需求的继续教育和培训资格中去，以使培训获得认可。

二是提高工资，间接控制低端劳动力的流入。新加坡长期实行的是低工资政策。这种低工资是由于廉价劳动力充沛供应所致。新加坡新增的劳动力绝大部分来自马来西亚和印尼，国内劳动力供给持续走低。面对这样的形势，如果新加坡希望继续保持较高的经济增长率，可以选择的办法有两种：（1）继续大量引进外国劳动力；（2）提高劳动生产力。据经济学家估计，如果劳动生产力能从当时的年增加率 3.4% 提高到 6% 的话，就可以在不引进外国劳工的情况下，达到 8% 的经济增长目标。为此，新加坡决定大幅度提高工资，迫使企业加速改变生产结构，降低企业对低级劳动力的依赖程度。同时，对企业从事提高劳动生产力方面的各种努力，政府都给予合理的奖励。经过连续三年大幅度调高工资，1982 年后，也就是恢复根据劳动生产力变动而调整的方式，辅之以技术发展基金以及金融、租税等方面鼓励措施的持续进行，新加坡已经产生了促进工业升级的预期效果。虽然投资活动仍是热点，但劳动力增长已趋减缓，外国工人流入大为减少，这显示出劳动生产力的提高。可见，新加坡政府并没有以直接干预的方式限制劳动力的流入，而是借助金融、租税等方式，通过改变经济活动或资源的相对价格间接地控制了国外的劳动力移民。

二、城市化中人口集聚发展到一定阶段后将逐步稳定

人口和生产要素的迁移和集聚导致的城市化催生了城市的繁荣发展，也带来了“城市病”。人口流入城市会带来一定的成本，成本大小与城市规模是密切相关的，但无论是历史经验还是理论研究都表明，城市人口规模和城市病之间的关系是非常复杂的，人口增加往往会产生治理城市病的规模效应。虽然人口增长可能带来更多的成本，但成本增加的速度远小于收益增加的速度。人口集聚在短期可能会由行政力量主导，但在长期仍将决定于市场力量。集聚程度有多高，是由集聚带来的好处和坏处相权衡而决定的。当集聚带来的好处不够高，而坏处体现出来后，集聚的水平就相应地稳定下来了，“在集聚中走向平衡”。

这个过程中，非常重要的调节变量就是生产要素的价格，集中体现在地价、房价和劳动力工资上。先进国家的经验表明，城市化发展到一定阶段，人口仍然向大城市周围集聚，只是速度不像以前那样快了。其中特别值得提到的就是东京，因为人口出生率的下降，整个日本的人口数量已经开始逐步减少，但是，东京都和东京圈的人口却仍然在增长，这就是集聚的力量。中国未来人口持续向几个大城市集聚还是大趋势。

以纽约为例，实施的是与产业、资源、公共服务匹配的人口发展战

略。950 年纽约的人口达到了 790 万人。此后，战后的美国人越来越体会到郊区生活的美妙，大量人口移居郊区。再加上纽约犯罪率的上升和生活质量的陡降，到了 20 世纪 70 年代，纽约的人口减少了 80 万。随后 30 年，纽约花费了大量精力恢复其生活质量，2000 年纽约人口增加到了历史最多的 820 万人，人口组成也成为历史上最多元化的。预计到 2030 年，纽约的人口将超过 900 万人。为了应对人口增长带来的机遇和挑战，纽约市政府坚持经济机遇可以并且必须从人口增长中获得，城市的多样性必须被保留的基本价值观。针对集中、高效、密集和多样化的城市优势，制定并实施了与产业、资源、公共服务相匹配的人口发展战略。

为了使人口数量、质量、空间布局与产业结构、资源、公共服务相匹配，纽约主要采取了以下几项重要措施。

一是制定教育培训政策，适应产业结构转型。纽约曾面临过制造业衰落的危机，但最终通过政府与市场的双重作用完成了产业结构转型。为了加强产业结构调整，政府在促进传统产业升级方面，采取了一系列行之有效的产业政策：制定产业结构调整计划；增加投入，鼓励企业研发创新，提升竞争能力；抵减应税收入，鼓励各方投资，调整产业结构；资助进口贸易、政府信贷等，扶持产业创新和结构升级。在产业转型的推动方面，政府充分地弥补了市场失灵所带来的弊端，灵活运用财政政策支持产业的优化升级。纽约产业结构的调整离不开人才的支撑。人才是科技进步最强大的推动力，而人才培养的基础在教育。为了适应产业结构向高级化发展，纽约市政府制定了适应市场要求的教育培训政策，使教育适应科学技术发展的需要，以培养出更多的科技人才。

二是修改移民法，引进国外高端人才。作为生产力最活跃因子的大量外来移民是纽约产业结构调整和完善的重要推动力量。为了进一步加强人力资源建设，吸引更多国外高端人才充实纽约科研队伍，提高科学研究水平，美国修改了移民法。二战前，美国政府奉行开放移民、限制排斥和选择性移民政策。1929 年，美国移民政策选择移民的倾向十分突出，对美国所需要的各类专家、学者等科技人才给予优先考虑。二战后，美国新移民法奉行国家利益至上原则，注重吸纳高端人才移民。移民申请者受教育程度的高低，特定职业技能的熟练程度，英语运用能力，在科学、数学和技术等领域接受培训时间的长短，工作领域和行业为美国需要的迫切性等成为决定能否移民美国的重要因素。1965年，林顿·约翰逊总统在纽约港签署了《1952年移民和国籍法修正案》。该法案建立了八类优惠制，每类均按“先来先办”的原则，使美国急需的人才得以入境。1965年法案颁布后，国外人才大量引进，减轻了经济发展所带来的技术人才短缺的压力，对纽约的高科技产业和金融、商业服务等知识性服务业的发展起到了积极的推动作用。此外，纽约市还积极利用其高等教育发达的优势，设立各种各样的奖学金，吸引国外学生到纽约学习，并以各种形式邀请其他国家的专家学者来纽约从事研究工作，从国外争夺技术人才。

三是优化土地使用，均衡人口分布。通过规划，力争使市属土地的利用效率提到最高。为此，纽约市主要采取了如下措施：确立了公共交通导向型的住房发展策略；继续恢复对城市闲置或空置滨水区的利用；通过扩张公共交通，为社区增加出行选择，刺激增长的人口向公交覆盖的地区发展，扩大纽约市的可开发土地面积；在公共用地上建造新住房，通过与图书馆、学校和停车场共同合作，扩大政府机构之间用地共享，开拓住房发展空间；为旧楼开发新用途，将闲置的院校、医院和其他市政设施改造成新住宅区；开发城市中未充分开发利用，但交通和基础设施完善的地区；扩建交通基础设施，挖掘新社区发展的潜力；在铁路工厂、铁路线和高速公路上空搭建住房。同时，为了保障住房价格的合理性，纽约采取了创新性的融资策略，扩展包容性地区区划以及为低收入居民提供购房产权等措施。

由于城市生活的郊区化，居民大量外迁，市区出现许多被废弃的小区。为了合理利用土地，均衡人口分布，政府利用“联邦资金”在废弃的小区建设大面积的商用大楼，吸引小制造业公司等入驻发展，巩固经济结构的多样性，保持纽约市的经济活力。为了应对后工业社会城市经济结构的新变化，政府充分发挥大学、研究机构以及企业各方的优势，研发高科技产品，不断完善高科技产业研究园区的基础设施，以吸引更多高科技人才的迁移。

四是完善公共服务，稳定中心城区人口规模。二战后，在郊区化等因素的推动下，纽约市的人口大规模外流，随之而来的是各种事业和教育机构的外迁，导致纽约经济地位的衰落，正常的经济活动难以维持。为了避免重蹈覆辙，也为了应对人口增长给城市带来的压力，纽约市制定了包括土地、水、交通运输、能源以及空气等方面的规划，力争进一步完善各种公共服务。纽约市提出社区不应仅仅是房子的集合体，还应有足够的公园和开放空间。为此，制定了居民居住在公园“十分钟步行圈”内的战略。为了缩短工作者的通勤线路，纽约构建了多层次、多元化的交通网络。纽约鼓励公交导向，这不仅是住房策略，也是减少对汽车的依赖，缓解交通拥堵和提高空气质量的策略。为了确保水质的清纯和可靠的自来水供给，纽约制定了清理被污染土地、完善供水网络等策略。

为此，广州市要从根本上搞好人才高地的建设，有针对性、有区别地进行人力资本投资，努力培养高素质劳动力。纽约的发展之所以取得成功，其教育的普及特别是高等教育的普及是重要因素。重视和普及教育是提升人口素质和培养高素质劳动力的基础和根本。此外，新加坡的经验表明，要充分发挥政府、企业、社会组织等的作用，制定适应产业结构调整的教育培训制度，培养出更多高端科技人才。广州要通过完善均等化的公共服务以及各种吸引人才的优惠政策吸引国内外高级专门人才来创业，以充实广州的科研队伍，提高科学研究水平，增加广州的经济活力和发展后劲。广州还应向区外转移低端产业和向中心集中高端产业来减轻中心城区的人口压力，使高素质人才向中心城区聚集。广州应将人口发展规划作为城市区域规划、产业规划、就业规划、建设规划等的重要依据，促进人口和经济社会发展的一体化，优化人口、水、土地、环境等资源要素在区域空间的配置。

如图6－1所示，全球大国集聚指数上升，然后保持稳定。

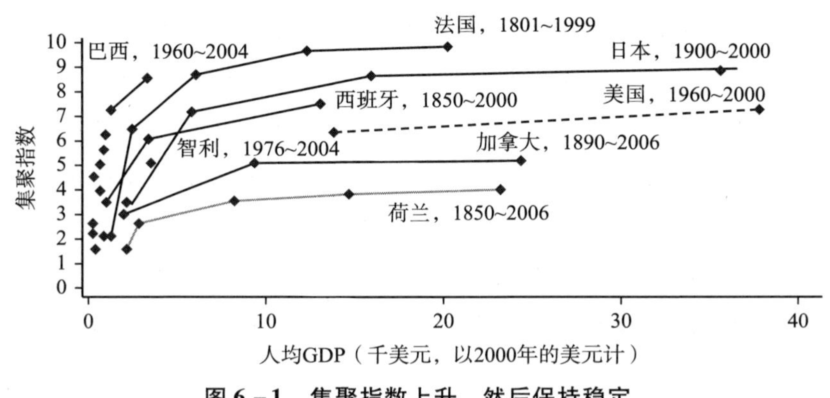

图6－1　集聚指数上升，然后保持稳定

资料来源：大国大城，当代中国的统一发展与平衡．上海：上海人民出版社，2016.

三、人口战略从城市尺度向城市群和都市圈尺度转变

目前以珠三角、长三角和京津冀三大城市群为代表的中国城市群，以巨大的开放空间和发展能量引爆了大规模人口流动。为顺应全球经济发展的趋势和城市发展规律，中国目前正在实施由核心大城市带动的都市圈和城市群发展战略。在当前背景下，如雄安新区的建设是环北京都市圈发展大战略的一部分；在长三角地区出现的嘉兴主动对接上海现象，是建设上海都市圈的契机；而在珠三角地区，粤港澳大湾区的建设也在打造世界级的大都市圈。城市群和都市圈之间的交通、经济、文化的高度一体化，使得城市的边界也在逐步扩大，生活和居住的范围界限在逐步模糊。城市群到达一定规模后，城市与城市之间的差异化竞争，城市群之间的互补和联合使城市结构和空间布局发生变化。城市人口的战略布局，不再应从单个城市层面来考虑，而应扩大到城市群和都市圈的尺度。

以东京为例，则是实施以公共服务为依托的人口分流和均等化发展

战略。二战后，日本大城市的人口迅速增长，农业人口大量涌入工业化高度发展的城市。东京面对人口增长压力以及农业和手工业释放出来的剩余劳动力，早期采取的办法是高度普及基础教育和大学教育，以此降低人口的自然增长率。20 世纪 60 年代和 70 年代，日本政府开始兴建工业城市和文化城市，分流首都东京的大学、企业和科研机构。80 年代，政府开始强化土地和不动产的私有权保护，阻止土地的过度工业化开发，同时积极鼓励海外留学和资本输出，扩大海外投资和促进海外移民。东京作为日本的首都，经历了城市化过程中的人口压力和各种社会问题，在比较均衡的城市体系发展框架下，通过城市规划、交通、住房、基础设施建设以及一系列的社会发展政策和措施比较顺利地渡过了这个阶段。

一是依靠副都心建设，分散城区功能。五六十年代，随着经济的高速发展、人口的急剧增加以及城市机能的高度集中，在东京都心部出现了土地价格飞涨、环境恶化、交通拥挤等一系列问题。人口的集中给交通和城市防灾带来了困难。进入 20 世纪 80 年代以后，为纠正一极集中的城市结构，东京在制定其长期规划时，一方面积极推行各地区特色的再规划措施，另一方面积极主张重组城市结构，把东京建成多心型城市。经过几十年的建设，新宿、涩谷、池袋、上野・浅草、临海等副都心目前都已成为东京各具特色的综合型的新中心。副都心对疏散大城市部分功能，减缓市中心人口压力，促进东京及周边地区的城市化进程，推动地方区域经济及东京大都市圈的可持续发展具有积极的作用。它有效地解决了人口密集造成的“城市病”问题，使城市及周边地区呈现出全面繁荣的局面。

二是交通建设、住房开发，分流人口。作为世界上人口最密集的地区之一，东京之所以能够持续发展，与其交通基础设施的建设息息相关。1950 年建设的结构性高速公路框架以及高密度的铁路交通网络是东京大都市圈发展的一个主要驱动力，它对处理高密度巨大城市地区问题起着巨大作用。东京建立了以轨道交通为主的城市交通体系“新交通系统”，这一系统中的交通工具在日本专指一种充分利用道路上部空间，噪音低，振动小，与地铁相比投资少的轻轨交通工具。在东京，为了便于办公和购物的乘客通过换乘直接到达目的地，除各种交通枢纽点外，换乘车站多设置在 CBD 和各种人口密集的商业中心。这充分发挥了转运点的连续性，加速了人流和物流的周转量。东京是日本地铁线路最多的城市。地铁线路纵横交错，如蜘蛛网般遍布 23 个区的各个角落，并与市郊电车相连作为轨道交通的补充形式，公共汽车、有轨电车、出租汽车、摩托车、自行车等也是必不可少的交通工具。公共汽车网是作为 JR 轻轨和地铁网的补充形式而存在的。它穿行在一些没有轻轨电车站和地铁站的地方，对乘客来说，是具有一定补充作用的交通工具。由于城市的行车速度太慢，开自备汽车去市中心上班的人越来越少。东京的出租车数量很多，在街头招手便可叫到。东京出租车的起步价为 650 日元，夜晚 11 时后收取深夜费。由于出租车的价格比轻轨和地铁贵得多，90 年代以后，出租车载客的人数明显下降。发达的交通是城市扩张的基础。它不仅有利于城市人口向郊外的转移，而且有利于工矿企业的外迁。这一方面加强了城乡之间的联系，另一方面促进了乡村的城市化，使以大城市为核心的大都市圈得以形成。由此可见，工业化是日本城市化发展的杠杆，而交通的现代化则是城市化的基础。日本东京各副都心的建设大多是在交通发展带动大规模住宅区开发建设的基础上进行的。二战后东京的住宅开发着眼于东京郊外东京圈这一大范围。由于地价上升和人口的增长，住宅开发不断向郊外扩展，直至 50 公里外的周边城市，形成了一个大范围的东京圈。目前，东京住宅地开发在 15 公里圈内的东京 23 个区的范围内，在其边缘区内结合周边绿地的整顿，日本政府进行了城市设施的整备和小规模高密度的住宅地的再开发。15 ~ 30 公里的范围内，政府积极诱导民间小规模的开发，其中包括地区政府对已经形成了的城市地区进行高密度改造利用。50 公里以外的地区则以铁路为中心，对已被开发了的独立性较强的新兴城市进行改造和开发。公营住宅是日本各自治体面向低收入者提供的低房租住宅，根据各地公营住宅管理规定，低于相关收入水平的人员可以提出入住申请，各地对公营住宅的房租实行按入住者月收入变化而适当浮动的政策。

三是社会保障公共服务的均等化。日本在以扶贫救助为核心的社会福利体系建立后，随着经济的发展，社会保险成为社会保障制度的中心课题。在对二战前已有的具有特权性质的医疗保险和养老保险制度进行修改的前提下，日本政府于 1958 年颁布了市町村必须实行的新《国民健康保险法》。在改善厚生年金（养老金）保险的支付条件，建立多种形式的共济组合（养老保险制度）的基础上，1959 年日本政府又制定了国民年金制度（以全体国民为对象的养老金制度）。由此形成了日本多种养老保险形式共存的特征。国民健康保险制度和国民年金制度的实施，实现了日本国民皆保险（医疗）、国民皆年金（养老保险）的目标，确立了以保障国民生存权为目的的社会保障制度。

国际经验表明，当城市发展进入较高阶段时，完善的公共服务将成为城市快速发展的重要基础条件。目前，广州存在公共服务不足的问题，特别是人口的基本教育、医疗、卫生、文化娱乐和生活供给等都存在着严重不足。不同人群之间、城乡之间在基本公共服务方面还存在着不均衡的状况，这在很大程度上限制和阻碍了广州经济社会发展的转型。因此，加强公共服务设施建设，保障和提高城市人口的基本教育、医疗、卫生、社会保障、文化娱乐和生活供给，实现不同人群之间、城乡之间、区域之间基本公共服务的均等化是广州市发展转型的历史选择。对于公共服务的基础部分，如义务教育、公共卫生和基本医疗服务，政府应承担更多责任。对于可以实行市场化的部分，如非公共教育和非基本医疗服务，应让市场在资源配置方面发挥基础性作用，政府不应干预过多。

此外，广州要进一步加强公共基础设施的建设，特别是市域轨道交通体系建设，使中心城区的人口疏解能够跨越中心城区的边缘区域，直接进到轨道交通相连的郊区，使中心城区人口疏散的主要方式从空间蔓延式转向交通轴线式。

第二节　当前广州市人口发展面临的三大挑战

一、人口老龄化的挑战

由于出生率常年偏低，人口老龄化是我国人口发展中面临的一个突出问题。目前广州老年人口（65岁以上）占的少年儿童（0～14岁）的比例（即老少比）来看，由2000年的37.13%扩大至2010年的60.86%，广州市人口结构整体呈老龄化趋势。从国际视角看，国际高收入经济体普遍进入老龄化乃至深度老龄化阶段，主要大都市区的老龄化程度均明显高于我国一线城市。东京都市区、巴黎都市区、纽约都市区、伦敦都市区的65岁及以上人口比重分别为23.3%、13.5%、13.0%、12.6%，而广州目前为7.90%。未来，广州人口老龄化的趋势还将继续增大，老龄化趋势已无法逆转。

与其他城市相比，一线城市得益于大规模年轻外来人口的涌入，常住人口的老龄化程度会有所减缓和降低，如北京市接近全国平均水平，上海市仍明显高于全国平均水平。从国际视角来看，除东京都市区的老龄化程度高于本国平均水平外，其他都市区的老龄化程度均低于本国平均水平。这得益于这些大都市区对外来人口的开放态度，通过大量吸纳外来年轻人口，保持作为世界化城市的活力和竞争力。

二、劳动力供应减少的挑战

正因为低生育率问题，在过去10年中，我国人口增长了7000多万人，达到13.4亿人。20世纪90年代我国每年还有大约2000万人的新生人口，目前我国生育率却已经降到了1.5以下，也就是说平均每个妇女只生不到1.5个小孩，远远低于2.1的更替生育率。1.5以下的生育率，意味着下一代人比上一代人少30%，过去20年，低生育率已经使得年轻人口减少了30%。到了21世纪，每年新生人口已经降到了1500万。如此剧烈的人口结构变化，在世界历史上是绝无仅有的。到2040年，这些新生人口成长为劳动力供应的主力，我国将进入一个长期负增长的时期。而老龄人口则进一步增加，意味着劳动力供应将急剧减少，而抚养压力进一步加大。

大城市劳动力供应的减少与人口红利的消失紧密关联。人口学上普遍认为，2015年左右是人口发展的转折点，人口红利的消失从此年开始不可逆转。最大的挑战来自于“用工荒”。加之劳动力与我国经济布局的变化相关联越发紧密，原来大量农民工和大学生流向东南沿海，现在随着西部开发、中部崛起、东北老工业基地的振兴，加上城市化进程的全面铺开和新农村建设，人口转移的可选择机会将增多。

这种发展态势广州尤为严重。一是广州一直在众多产业各个层次的用人方面对外来务工人员产生依赖；二是广州的教育系统培训多领域人才的能力尚未发挥，城市通过人口集聚和规模经济的“分享”“劳动力市场匹配”和“学习效应”推动城市升级的效应远未发挥；三是若广州一旦丧失就业吸引力，且不论产业转型对劳动力的额外需求，抑或难以维持基础设施和支柱产业的正常运行。

对大城市来说，迅速认清未来人口发展的形势非常重要。目前依然是“劳动力多而老龄人口少”的人口红利的尾声期，劳动力供给形势将处于最优状态。到2040年，这一情况将会发生逆转，变成一个劳动力少而老龄人多的国家。当前就是未来25年内中国劳动力和中国创造力最好的时代，接下来随着劳动力的减少，将可能带来城市财税收入锐减、企业补贴减少，城市社保体系崩溃等困境，并且这一境况在短时间内难以改善。

基于此，未来城市之间的竞争，将是人口的竞争。抢占城市劳动力、年轻人，应定位为布局城市未来竞争的一个非常重要且紧迫的战略内容。抓住未来10年甚至5年的最后一点点人口红利，去寻求未来城市发展的真正的创新发展道路，是大城市能否在未来人口竞争中胜出的关键。

三、人口发展与城市软硬件资源供给与配置的挑战

未来城市人口数量和结构大转变、产业结构的转型与升级、经济社会的爬坡过坎，无疑都对城市公共服务资源提出了新的要求和挑战。我国城市软硬件环境配置总体存在总量不足与结构失衡并存问题，难以适应未来人口发展。

一是公共服务资源配置方面的挑战。人口发展与城市公共服务资源配置具有正向和负向的动态效应。一方面，人口的变化需要决策者在养老保险、服务业、城乡公共服务、金融、医疗和教育等方面做出必要的改革。另一方面，城市公共服务的数量、质量和供给效率将对未来城市竞争中人口数量和结构变化产生或积极或消极的影响。因此，探索、研究在未来人口发展形势下调整、优化和再配置城市公共服务资源问题，特别是提高供给侧两端的数量质量和效率，是一项急迫的课题。

二是人口发展与对城市品质提升需求的挑战。长期以来，我们现在所处的社会主义初级阶段，其主要矛盾是人民日益增长的物质文化需要同落后生产力之间的矛盾。但应敏锐地认识到，目前我国人民的需求不断升级且差异化明显。特别是我国城市经济水平得到整体提升，社会发生转型且阶层差异化明显，这一变化也反馈到进入的城市的等级和需求上来。随着经济发展，人们收入普遍提高，选择更高层级品质的城市的内在动力不断加大。城市的品质和差异化成为推动人口流动和分化的重要因素。城市之间的人口竞争同样通过城市品质的竞争反馈出来。

第三节 认清广州市人口发展的优势

长期以来，作为一线城市之一的广州，相比于北京、上海、深圳，最大特点是其包容开放的城市特征。从人口发展的吸引力来说，主要具

有以下几大优势：

一是相对广阔的人口发展腹地和资源禀赋。相比于北京、上海和深圳。在一线城市中，广州因其广阔的腹地、宜人的气候，具有相对较低的房价水平，深受广州流动人员的青睐。这一优势在未来较长一段时间内保持领先地位。

二是多样化、均衡性、年轻化的人口结构。广州合理的产业结构为各层次人口的稳定发展奠定基础。2016 年广州市三产结构为 1.22∶30.22∶68.56，产业结构合理、均衡，既能容纳各层次人口就业，为人口的多元化奠定了基础，对抗经济风险的稳定性也较好，人口的稳定可持续发展得到保障。据统计，户籍人口中 60 岁以上的老龄人口，2015 年时、北京占比 23.4%，广州占比 17.27%。2016 年、南京占比 20.08%，杭州占比 21.55%，而上海则高达 31.6%。相比于其他城市，广州具有更少的老龄化压力。

三是广州公共服务和人口融合建设引领全国。自 2014 年成立正局级的广州市来穗人员服务管理局，广州市近年在流动人口的服务管理战略从“管理”升级“服务”、从“差异化对待”到“全面融合”。目前已在逐步通过以居住证和积分入户为载体，有序推动来穗人员市民化服务，推进流动人员户籍、医疗、养老、子女教育、就业等全面公共服务的均等化，全面加快推进来穗人员在文化、经济、政治、生活等领域全方位融入广州社会。2016 年已经开始试点探索创建来穗人员共治议事会、来穗人员党支部等。相比于上海，不得不说广州市姿态更亲和，发展战略更具超前眼光，也更符合长远发展目标。2013 年《中国城市政府公共服务能力排行榜》，广州排名第一即是力证。

四是宜居性和文化软实力是广州永恒竞争力。广州市人口的宜居性堪称中国典范。多年来广州一直保持了房价的合理水平，是北上广深四大一线城市最具优势的。房价的合理为流动人员保持了长期稳定发展的可能和上升通道。租房市场也呈现多元化态势，价格从几百元到上万元不等，不同人群均能找到属于自己的容身之所，流动人员甚至能入住公租房。在公共服务方面，因基础行业服务人员的合理比例，保证了广州在公共服务方面也具有不可比拟的优势，生活便利性在全国首屈一指。广州市的宜居性特点，造就人口集聚的长期吸引力。2016 年腾讯大粤房产调查也显示，35% 的深圳人“打算去广州发展”。《国务院关于广州市城市总体规划的批复》中将“和谐宜居”定位为广州的发展目标之一，具有战略眼光和长远意义。

第四节　未来广州市城市人口发展和管理中亟须转变的几个理念

基于未来“人口老龄化”“劳动力供应减少”的挑战，城市决策者应正视这种人口发展趋势，未雨绸缪，转变人口发展和管理中的几个理念，为面向 2040 年的城市发展做准备。

一、从“控制人口”到“争夺人口”

由于对城市的规模经济效应的认识不足，中国的城市发展政策一直偏向于控制城市化进程和限制大城市人口规模。其中，“十二五”规划提出，“特大城市要合理控制人口规模，大中城市要加强和改进人口管理，继续发挥吸纳外来人口的重要作用，中小城市和小城镇要根据实际放宽落户条件”，如上海市的落实打分政策，限制低技能者的进入。但实际上，在目前人口红利尾期，劳动力人口的增长规模将会发生迅速的衰减，从中长期的人口发展战略来看，当下维持大城市的人口规模，特别是保证年轻人的进入，将变得非常关键。对于自然资源禀赋不存在太多限制的城市来说，再提“控制人口”是不合时宜甚至短视的。

而因低技能在大城市获得的收入提升效应和学习效应要大于高技能者，完全能够通过完善城市的培训体系等渠道来进行自我升级。当下，广州应进行从“控制人口”向“争夺人口”的战略转变。

一是立即抢夺流动人口特别是年轻人口。当前对于广州建设全球城市来说，广州市应当机立断布局吸引人口的发展战略，将吸引人口作为当前一项非常重要且紧迫的战略任务，用2~5年的时间，吸引一定规模的人口和一定数量的年轻人口，优化人口结构，打牢城市发展的核心和基础。人口发展可以通过“内生调优”即鼓励生育和“外生调优”即人口迁入等方式实现。发达国家的经验教训证明，仅仅依靠单一的人口调优方式（例如，鼓励当地人口生育的内生调优）均以失败告终。目前随着户籍人口一孩生育率大幅下降，全面二孩政策的效果即将衰减，仅仅依靠户籍人口生育将无法调节人口结构。基于广州市劳动力供给依赖于非户籍人口的流入以及非户籍人口以劳动年龄段为主的基本事实，必须构建以外生为主、兼顾内生、将外生转化为内生的人口发展新思路。“外生调优”为主就是敞开大门吸引人口，吸引大量的青壮年人口流入，为城市发展提供充足的劳动力。但不能依赖于抢人才等短期“硬调优”举措。在“外生调优”的同时，要重视长期的内生“软调优”，通过营造开放、公平、包容、竞争的环境为各层次人口在广州市的发展提供机遇，形成内生动力，提升人口素质和发掘人才资源，将外生转化为内生。“以外为主、兼顾内生”的人口发展新思路，促进人口结构年轻化，提供充足劳动力和人才资源，提升城市活力，形成与城市产业结构相适应的人口结构。

二是依靠市场的力量建立符合全球城市特点的人口与产业同步发展战略。只有人口就业与产业结构相适应，才能完成且巩固产业转型后的成果，推进城市经济的发展，促进城市在全球经济的影响力和控制力，发挥对全球资源的协调支配功能，进入到全球城市的行列。从对城市产业结构的角度出发，建立符合全球城市产业结构特征的人口支撑战略，坚持“市场调节，政府主导，行业规范”，促使企业走向符合全球城市发展特征的转型升级之路；特别要通过政策引导，增加高端产业如金融保险、国际贸易、现代物流、信息服务、创意产业等支柱产业的人才培养，逐渐弱化房地产在人员就业中的比例。依靠南沙自贸区建设，建立国际化的对外贸易、仓储、加工、国际融入等专业领域人才的培养；增加外籍人口的比例，打造人口的国际化和专业化。

二、从“被动管人”到“前瞻性人口战略”

目前，我国大城市一般将城市的人口作为政府政策调控的指标。根据“资源禀赋”等条件，进行人口公共服务的配给。但事实上，一方面人口作为城市的资源，即使带来诸如交通堵塞等城市病问题，但那也是经济发展的结果；另一方面新增的人口和迁入人口也是城市税收和公共服务的提供者，二者互为动态关系。目前我国大城市公共资源的供给机制滞后。然而，面对动态、不断升级和差异化的人口变化情况，目前我国大城市公共资源主要还是采取相对固定、定量的投放模式，不仅无法实现供方和需方的精准对接，也难以在人口变化时做出及时反馈，供给机制相对滞后。

人口应成为制定一个城市未来的公共政策的预测目标。因此，要改变目前根据人口现状，进行“被动管人”的滞后性和被动性局面。必须明确未来人口管理的两个特点。第一是前瞻性。应建立前瞻性的公共服务配给和公共服务，对未来人口进行前瞻性的科学预测，并把这些预测用于规划、公共服务配置等政府策略中。第二是动态性。应建立灵活的城市人口发展和公共服务配置机制，建立灵敏的城市人口互动和反馈机制，提高效率，这也是供给侧结构性改革的重要内容。

三、从“以业控人”到“以服务吸引人”

进入21世纪，各大城市均在开始实行“以业控人”或“腾笼换鸟”策略，试图优化城市人口质量，提升产业结构。然而结果往往是断送了流动人口“进城梦”，或形成“鸟去笼空”的局面，伤害了城市经济发展的根基，降低了城市的竞争力。

事实上，城市人口发展和产业的形成是一个长期性、系统性的问题，一个城市的活力恰恰在于它的低端服务业和高端服务业相互配合的系统性和互动性。高技能者和低技能劳动者相互配套，形成互补优势和规模经济效应，高技能劳动者在生产和生活中带动对低技能劳动者的需求，创造更多的就业岗位，并通过人力资本外部性相互学习，产生城市整体知识的外溢。

目前，一个在全球范围内出现的趋势，公共服务的均等化正变得越来越重要，并成为人口迁移极其重要的吸引力。相比于其他城市，北京、上海和深圳具有各自的优势，广州应充分发挥自身优势，“以服务吸引人”，通过在全国范围内，树立不可动摇的公共服务品质，吸引人口的迁入。政府必须在制度上进一步保证流动人口充分融入城市，通过教育、平等就业机会、社会保障和福利等的释放，优化人口服务管理模式，留住人口。应通过一元化的管理制度和人性化的服务对国内流动人口形成隐形性管理，既能形成高效的流动人口管理模式，又能增加外来人口的归属感，让其为城市的发展和繁荣做贡献。对国内人口迁入简化过去烦琐的流程和复杂的人群划分可提高人口管理效率。而为外来人口保障最基本的服务和福利政策才是时下应选择的方向。

四、从“候鸟式迁移”到“以品质留住人”

在现有城市的流动人口，去城市发展，生活方式基本以就业为主，这还属于生存层面的迁移。

根据马斯洛需求层次理论：“当给人类动机生活组织以生命的主要动力原则是自然人优势（即基本需求层次）需要一旦满足，相对弱势的需要（更高层次需求）便会出现。”特别是新生代农民工，对城市正因为如此，一个正在全球范围内出现的趋势是：“消费型城市”正变得越来越重要，一个城市的生活品质成为人口特别是高层次人才迁入的吸引力。城市品质如交通、环境、文化设施等的多样化和差异化也会增加城市的吸引力。

广州在经过 20 世纪发展商贸业和轻工业、招商引资、开放搞活等大规模的产业发展阶段后，21 世纪的头一个十年，以大规模的城市基础设施建设为重点，开始大规模建设和完善城市基础设施，尤其是城市交通设施，新机场、南沙港、轨道交通、高速公路和城市快速路的建设，逐渐形成了枢纽型、功能性、网络化的现代综合交通体系，城市骨架逐渐拉大并形成“大广州”的城市格局，广州国家中心城市和南中国门户的地位更加凸显。

而如今，人口发展的需要对广州城市发展提出更高的要求。下一个阶段，广州应当全面提升城市品质，提高市民的幸福指数，在城市品质、就业品质和生活品质上，推动人口的迁移，实现城市的可持续发展。这也就急需城市管理者理顺思路，积极应对，做出前瞻性的政策研究、制度改革和顶层设计，从而实现人口的全面融合提升。

第五节　未来影响广州市人口发展的政策方向

一、生育政策

根据学者的预测，计划生育政策未来改革的方向有可能分四步走，第一步“单独二孩”，第二步“全面二孩”，第三步“自由生育”，第四步“鼓励生育”（陈友华，2011，2015）。目前已完成前面两步，随着单独二孩政策在多地遇冷、全面二孩政策开放后效果不显著，可能依旧无法解决人口老龄化、性别比失衡已导致的一系列重大人口隐患。未来有望开放第三步和第四步。

目前学界共识的改革有二：

（1）有望在2025年前放开生育限制，实现自主生育。

原因包括：一是全面二孩政策依旧无法解决低生育率问题。根据人口学家的测算，中国由于出生人口男女比例失衡，总和生育率在2.3左右才能达到世代更替水平。也就是说，即使全国平均每对夫妇都生两个孩子，从长远来看，这个国家的人口还是会缓慢减少的。因此，一个国家合理的生育率不应低于2.0。而居民生育观念的调整需要时间，即使放开二孩政策也并不意味着所有已婚育龄妇女愿意生二孩。要使生育率达到2.0，就不可避免要有一部分夫妇生三孩以上。中国社科院学者王广州认为，由于一孩生育数持续下降，二孩生育增加，2017年全国出生人数可能达到全面二孩生育政策调整后的历史峰值，约1900多万的水平。到了2018年可能会稳定或者略有下降，此后过一段时间会快速下降。如果是这样，则生育政策需要再调整。因此，我国可能在2020年左右放开生育限制，实现自主生育。

二是我国极有可能陷入低生育率陷阱，应尽快放开生育限制。根据目前生育率的情况我国极有可能陷入低生育率陷阱。中国社科院人口与劳动经济研究所人口预测专家王广州用北京大学CFPS2010（中国家庭动态跟踪调查）、中国社科院等机构的调查数据对第六次人口普查数据进行复核，确定总和生育率在1.4左右。而在公布的2015年全国百分之一人口普查结果：2015年，中国育龄妇女的总和生育率仅为1.047，即使考虑漏报等一系列因素，可能也无法超过1.5左右。据人口学测算，总和生育率低于1.5即陷入低生育率陷阱。

全世界几乎所有进入低生育水平国家的经验体现出两条规律，第一个规律是：无论政府是否干预，也不管当时的生育水平有多高，一旦经济发展到了一定水平，生育率都会自发下降；第二个规律是：政府有能力让生育率下降，但很难做到让低生育率再度升高。因此基于发达国家的经验，以及中国目前执行“单独二孩”政策所表现出的现实，只有在生育率还未到达低生育陷阱时就全面放开生育。

三是为了遏制人口老龄化趋势，应尽快地调整生育政策。目前我国人口抚养比不断上升，人口红利削减。据估计，中国劳动年龄人口波动将下降，劳动力老化程度将加重。劳动年龄人口在“十三五”后期出现短暂小幅回升后，2021～2030年间将以较快速度减少。劳动年龄人口趋于老化，到2030年，45～59岁大龄劳动力占比将达到36%左右。有学者经过测算，我国人口总抚养比将在2027年达到50%的临界点，届时我国人口红利将消失。在2029年老年抚养比将达到27.4%，超过少儿抚养比，老年人抚养压力加大。而极低生育率造成的人口老化被认为是日本经济长期萎靡不振的原因。人是社会创造、消费以及生产的主体，并不是一种负担。年轻人的大幅减少和老年人的大幅增加，将严重拖累财政并削弱创新和创业的活力。如果不能大幅提升生育率，我国未来人口的极度老化和急剧萎缩难以避免，其后果是经济创新人才不足、国力衰退。

虽然放开人口生育政策并不会带来立竿见影的增长效应，但是从长期来看将有利于提高未来劳动年龄人口数量和比例，在未来数年内、政策调整已经刻不容缓。

四是近几年居民对于生育政策的不满愈来愈烈，将会促使政府重视对于生育权的保障。经济和社会发展会推动人民人权理念和意识的发展，随着生育权的观念逐渐深入人心，继续限制和剥夺生育的观念将会遭到强烈的反对。人口学家梁中堂认为“全面放开生育的决定性因素是生育是基本的人权”。

（2）预计在全面放开生育后5年内将实行鼓励生育政策。

原因有二：一是在2025年左右由于生育意愿持续下降，全面放开限制仍无法促使生育率回归到正常水平。即使2020年全面放开生育，愿意生育三孩及以上的群体仍占极少部分，特别是年轻一代由于育孩成本上涨、结婚年龄越来越迟、女性受教育程度提高，生育意愿持续降低。并且经验表明随着经济的发展，人们的生育意愿会自然而然地下降。届时，国家应该进一步鼓励生育，在税收、教育、法律等各个方面切实减轻养育家庭的负担，让女性愿意生以及敢生。二是与中国文化相近的韩国和日本生育政策调整实施效果并不显著对于我国政策调整有一定的借鉴意义。基于韩国的经验，生育率的持续低迷将导致陷入低生育率的陷阱。因为担心生育率反弹造成人口暴涨，韩国在取消生育政策后并未马上实行鼓励生育政策。鼓励生育政策的效果并不明显。韩国及东亚国家的经验表明：要想降低生育率容易做到，但是想要提升生育率却很难。日本也深陷人口老龄化的困扰，过去20多年，随着人口的迅速老化，日本经济活力大幅下降，因此错过了互联网经济的历史性契机，迄今萎靡不振。

鉴于此，我国即使全面放开生育，也有可能无法马上逆转低生育率的趋势。为提高生育率，我国将采取鼓励生育的政策。

二、户籍制度

回顾相关改革，我国改革一直注重城乡统筹，促使乡镇人口有序向中小城市转移，提高城镇化率。2014年《国务院关于进一步推进户籍制度改革的意见》取消农业户口和非农业户口的区分，统一登记为居民户口，全面放开建制镇和小城市落户，同时对于中等及特大城市均赋予一定的自主裁量权，允许承载压力大的城市在合法稳定住所、社保年限以及合法未定就业这几项设置一定的准入门槛。目前，我国的户籍制度已经限制人口流动和资源配置，人口迁移流动日益频繁和户籍制度改革过慢构成了城镇化发展中的重要矛盾。不过有望在2040年前全面取消户籍制度，剥离户籍福利功能，还原户籍登记功能。

一是开放户籍的呼声及诉求越来越强烈，流动人口不断增长，更好地分享经济社会发展成果的呼声以及要求社会公平的呼声愈来愈强烈。

二是常住人口长期在城市就业和无法获得同等公共服务矛盾越来越激烈，将对社会产生越来越不利的影响。

三是人口自由流动对经济提升的影响越来越大。户籍制度变迁的一级动力是“经济发展和户籍制度的矛盾”，户籍制度变迁的二级动力“来自地方政府内部的公共财政要求和外部的地方政府间竞争”。人口自由流动有利于促进劳动力优化配置，化解劳动力就业的结构性矛盾。注重城市发展的外溢性，政策上应支持而非限制人口的自由流动，这也有利于资金、技术等生产要素的外溢，有利于推动城市群发展，减少城市空间发展失衡，否则，将带来明显的效率损失。

四是城乡之间公共服务的差距缩小。中小城镇的发展以及相对宽松的落户政策已经解决了一部分流动人口落户城市的需求，中小城镇在基础设施和公共服务需求，特别是道路、地铁、学校、医院方面的投资将会不断加强。国家引导农业户口人员不断落户中小城镇，推动城乡和地区之间的发展均衡，减少城乡间和地区间的福利差别，探索城乡和区域的统筹发展和一体化发展。随着中小城市逐步放宽户籍准入要求，特大城市承载压力将会越来越小。

五是学界普遍认为户籍功能的异化是户籍制度弊病的根源，改革户籍制度就是要使户籍制度的登记功能，剥离依附在户籍制度上的教育、医疗、社会保障等公共服务和福利。最终实现取消户籍制度，达到人口自由流动迁徙的目的，将身份证制度代替户籍制度即可。

户籍改革的阻力虽然巨大，但从长远来看，户籍仍需回到它的根本，户籍制度作为基本登记资料的载体、不能作限制不同人群的福利来使用。在户籍制度改革上，广州市一直走在特大城市的前列，广州市可能会在更早时期施行较其他城市更加宽松的人口迁移制度。在 2040 年前取消户籍制度，预计也将成为可能。

三、公共服务政策

（一）2040 年全面实施高中阶段免费教育

目前，广州正积极探索在现有 9 年义务教育的基础上，将免费教育延伸至高中阶段。《广州市社会事业发展第十二个五年规划》曾提出，“十二五”期间，广州将研究延长免费教育年限。

实际上，从 2010 年开始，广州增城区已试行高中免费教育，实施对象为具有增城户籍就读该区公办和民办普通高中的学生以及具有增城户籍就读市内外公办、民办中等职业类学校的学生。2012 年，南沙区对全区区属公办中小学校学生全面实施免费教育，本地户籍与外地户籍的学生享受同等免费政策。2015 年，花都区全面实现十二年免费教育，免费对象为具有花都区户籍，在花都区内各公、民办普通高中学校就读的全日制正式学籍在校学生。

从区域经济环境的角度来看，广州正处于产业经济转型升级时期，劳动力整体素质亟待提高。与此同时，广州正处在人口老龄化加速的时期，人口红利逐渐消失，实体经济、虚拟经济以及新兴市场的发展，迫切需要具有基本劳动技能和核心素养的新型劳动者。这也为将来，分类、分区域逐步推进高中免费教育创造了可能。

（二）2040 年前深化异地中考改革

广州“异地中考”政策于 2014 年通过，规定自 2017 年起，符合条件的外来务工人员子女可以在广州参加中考，入读公办高中，招收非户籍学生的比例为 8%。外地考生需具备“四个三”条件才可报考，即父母要在广州市连续三年具有合法稳定的职业、连续三年拥有合法稳定的住所（含租赁）和按照国家规定在广州参加社会保险累计三年，以及考生在广州市具有完整三年初中学籍。

未来假设广州为进一步保障随迁子女的教育权利，实现教育公平，促进社会流动，并加强抢夺人口的力度，在 2040 年前，将可能取消对家长条件的限制和逐步提高公办学校接收外来务工随迁子女的比例，让更多的外来务工随迁子女能够进入公办学校就读，并衔接异地高考。

第六节　广州市人口发展战略建议

基于报告的主要内容，广州在近期内，应全面以为未来进行人口储备、人才储备和年轻人储备为目标，提出针对本届政府的建议和创新：

（一）战略先行：进行面向 2040 年的人口发展战略研究

人口发展是城市规划、城市竞争力、城市公共服务的前提和基础。广州区别于上海、北京、深圳等一线城市的重要优势在于人口。习近平总书记为核心的新一代中央领导集体在党的十九大报告中将人口发展提高到治国理政的新高度。广州面向未来的人口发展战略研究刻不容缓。建议：一是依托广州长期以来开展人口研究的科研单位，开展关于计划生育政策、人口老龄化、人口与产业发展、公共服务等方面的重点课题研究，在经费上予以倾斜。对人口增长与和事关城市经济社会长远发展的问题进行研究，并将其落实到政策调整中。二是加强广州市人口发展的数据库建设，充分利用互联网、数据挖掘等新技术，开展人口监测和预警方面的工作。三是加强人口发展和人口政策的宣传引导。基于未来前瞻性的人口发展态势，在全市范围内的各领域进行公共服务质量的提升和引导，形成健康、可持续的人口发展氛围。

在人口规模方面，尽可能多地吸引人口。城市发展最终目的是为了人口，城市未来竞争的核心是人口，城市发展的一切基础是人口，城市发展和人口发展是相互促进，共同提升的正相关关系。面对 2040 年，制定符合国际大都市集聚度能力和规模特征的人口发展规划。扩大规划视角，面向珠三角、全国乃至东南亚地区，提高城市集聚度和首位度。

在人口结构方面，面对广州未来的人口结构风险，年轻人口是城市创新力和活力、实现产业升级的关键核心。针对全球城市的产业结构特征，广州分时序地提高人口素质，提高人口在高精尖部门的就业比例，形成产业发展升级与人口结构同步升级的人口发展战略。

在空间方面，空间局部及其调整，将影响和制约广州建设全球城市的战略。就目前广州全球城市建设和人口产业布局的调整来看，中心城市的密度还有待进一步提高，要打造符合全球城市特征的高端化、国际化全球生产性服务产业中心。且全球城市无一例外是通过建设卫星城市或城市副中心的方式，来分散中心城市人口压力，合理规划各分区的功能定位，通过快速交通连接和公共服务配套建设，形成人口和城市空间功能规划的协调与统一。

（二）降低“进入门槛”：树立真正的无障碍包容城市典范

一是推进以人为核心和面向未来的新型城镇化。深化户籍制度改革，促进有能力在城镇稳定就业和生活的农业转移人口举家进城落户，并与城镇居民有同等权利和义务。广州可在落户政策上，在年龄层面适当加分，以调整人口规模。

二是深化落实居住证和积分制制度。努力实现基本公共服务常住人口全覆盖。继续开放落户政策，降低入户门槛，扩大入户指标数量。落实以居住证为载体，以积分制为补充的流动人员公共服务供给机制，在全国范围内加大公共服务供给力度，抢占先机，吸引人口的大力迁移。在积分制上，尽量优先向年轻人方面倾斜。

三是加大城市包容性的宣传。在城市形象宣传上，大力宣扬广州的包容开放的特点和城市特征。

四是稳定房价保持广州人口吸引力。广州楼市一直是价格洼地，房价远低于其他三个一线城市，这在未来的人口吸引中是一个优势。应加大房地产市场调控力度，建立标本兼治的长效调控机制，在一段时期内，要保持广州房价在一线城市中对人口吸引的优势，在一线把稳定房价作为保持广州竞争力的一项大事抓好抓实。

（三）打造“服务之城”：提高流动人员公共服务均等化质量和供给效率

一是重点进行流动人员的培训体系建设。2014 年，正局级的广州市来穗人员服务管理局正式成立，作为政府组成部门，专门为流动人口提供服务管理。近年来，广州市流动人口的服务管理战略从“管理”升级到“服务”、从“差异化对待”升级到“全面融合”。特别是近年来，出招频繁。为有序推动来穗人员市民化，目前广州市以居住证为载体，以积分制为手段，阶梯式享受入户、随迁子女入学、申请保障房，为流动人口提供均等化的公共服务。特别是 2016 年广州市政府审议通过的《广州市来穗人员融合行动计划（2016 ~ 2020 年）》，计划在未来的五年里，全面加速推动来穗人员在经济、政治、文化、体育等领域全方位融入广州社会。2016 年已经开始试点探索创建来穗人员共治议事会、来穗人员党支部等。相比于上海，不得不说广州市姿态更亲和，发展战略更具超前眼光，也更符合长远发展目标。多年来，在《中国城市政府公共服务能力排行榜》中广州排第一。流动人员特别是新生代的流动人员对就业培训是有需求的，而这正是吸引人口进入的重要手段。但是目前，由政府主导的培训却收效甚微。主要根源是：流动人员参与培训的首要目的是就业，而现有培训与就业二者之间并不存在必然的关联性，影响了流动人员参与培训的积极性。为提高培训效率和质量，有如下措施：成立流动人员就业培训领导小组，落实工作部门，责任人员，并制定一系列培训政策，包括免费职介、培训补贴、技能鉴定补贴等，为农村劳动力转移就业提供强有力的政策和组织保障。将流动人员培训经费纳入公共财政预算，增加对流动人员教育培训的投入。在经费的保障方面，要建立多元投入的方式，即政府、社会、企业、个人等多方解决。政府可以利用失业保险基金，补贴相关专业培训。对于目前培训信息与培训需求信息不对等的情况。要根据流动人员就业的新特点，要考虑培训对象在技能水平、工作性质、文化程度、年龄层次、就业心理等方面的差异以及培训目的，进行分类、分层引导，分别开设不同的培训课程，如对于流动人员主要开设技能培训，而对于大学生群体则以开设职业培训为主。培训的师资应该与市场需求紧密结合。可以考虑从企业请一些有经验的工人作为老师，重点培训以流动人员为主的就业群体。对于收入低的灵活就业人员和还未找到工作的大学生群体，可以通过贷款的方式为其提供培训资金。当其就业工资水平到达一定水平后，再要求其分期还款。探索多种培训模式。如传统的集中培训模式难以完全满足流动人员职业培训的需求，可采取网络（如“广东远程职业培训网”）方式等安排灵活的培训时间，充分利用春节、周末等开展培训；与劳务输出大省联合举办跨省、跨地区流动人员培训等；与企业招聘联合进行培训等。建立培训效果评价制度。培训应与资格评定挂钩，要与就业挂钩。根据流动人员参与培训的目的，设立咨询机制，建议其选择不同类型的培训课程，争取让所有参与培训的流动人员都拿到职业资格证书或顺利就业。

二是将新生代流动人员纳入城市住房保障体系。广州住房资源紧张，大面积开放经济适用房是不现实的。新生代流动人员是未来人口的重要蓄水池。租房肯定是目前大多数流动人员的最可行居住方式。住房政策重点应针对薄弱环节，集中资源应对风险集中易爆发的潜在危机，具体措施如下：鼓励城乡接合部的村集体利用闲置建设用地，建设若干居住小区，向满足条件的流动人员出租；城市的公共租赁住房应向可支付租金的、满足条件的新生代流动人员开放。根据目前流动人员多半是大分散、小集中的居住形态，且相对集中居住在工地工棚、集体宿舍、城乡接合部和城中村地区，大城市政府的政策应重点保障这些区域流动人员的居住安全，帮助他们改善居住环境，避免贫民窟现象和公共危机的出现；鼓励用工单位为流动人员提供符合卫生和安全条件的居住场所。对于已在城市稳定就业并居住一定的年限以上的新生代流动人员家庭，在廉租房和经济适用房的保障性资源在满足本地常住居民的前提下，可适当向他们提供。可尝试探讨新生代流动人员的公积金政策。城市和有实力的单位共同努力，将优秀的流动人员纳入住房公积金体系，允许住房公积金用于购买或租赁自住住房。宜居性和包容性已经成为并将继续成为广州人口发展的重要法宝。广州的人口宜居性堪称中国典范。多年来广州基本能够将房价控制在合理的水平上，在北上广深四大一线城市中最具优势。房价的合理水平为流动人员保持了长期稳定发展的可能和上升通道。租房市场也呈现多元化态势，价格从几百元到上万元不等，不同人群均能找到属于自己的容身之所，流动人员甚至能入住公租房。在公共服务方面，因基础行业服务人员的合理比例，保证了广州在公共服务方面也具有不可比拟的优势，生活便利性在全国首屈一指。广州市的宜居性特点，造就了人口集聚的长期吸引力。《国务院关于广州市城市总体规划的批复》中将“和谐宜居”定位为广州的发展目标之一，具有战略眼光和长远意义。

三是加大社会保障投入力度。要从城乡统筹的角度来考虑，包括政策的统筹和资金的统筹，先达到省级统筹，再全国统筹。其次要加强对企事业用工单位的引导和监管的机制建设，扩大失业保险、工伤保险、养老保险等社会保险的覆盖率，确保流动人员的基本权益。政府应该适当投入一些资金，用于补贴符合条件的流动人员。具体来说，流动人员的社会保障体系建设主要包括以下几个部分：第一，失业保障。目前广州已经有了比较完善的流动人员失业保险制度。但是流动人员的参保率低，解决这一问题的关键在于建立起失业保险征缴的长效激励机制，具体有以下建议：对参保的金额可灵活处理，采取“多缴多得、少缴少得”的原则，拉大保险待遇的差距，根据失业期长短，失业越短给付越高；对流动人员跳槽频率高，工作不稳定的情况，推行个人参保制，建立失业保险个人账户制度，雇主和雇员所缴费用全部计入参保人员个人账户，既明晰了个人所有权，也更新了一部分参保人员心中“只贡献、不受益”的想法，以及“重养老、轻失业”的做法，从而有效建立失业保险征缴的长效激励机制；要建立激励性的政策，调动企业参保的积极性。要建立流动人员工资保障机制，对企业工资支付实行分类监控，并加强重点监控，以此预防和化解欠薪事件。建立多部门联合打击恶意欠薪的行政司法联动机制，加大对拖欠工资的用人单位及其法定负责人的处罚力度，对恶意拖欠的，可依法责令停业整顿、降低或取消资质，直至吊销营业执照。第二，子女教育保障。将流动人员子女统一纳入全市教育发展规划，统筹安排就读、统一学籍管理、统一教育管理；市财政根据各区（县级市）财力状况，按比例对符合各区规定的来穗务工就业农民子女予以经费补助；扩大流动人员子女就读公校的比例，如果有需要，可在流动人员多的区兴办一两所公办学校，以满足他们子女教育的需要；在现阶段公办学校仍然难以满足学位需求的情况下，加大对以接收来穗务工就业农民子女为主的民办学校的服务和管理力度，采取设立民办教育发展专项资金等措施，加大对民办学校的扶持，提高民办学校的办学质量。第三，公共医疗保障。继续扩大与湖南、四川等流动人员多的省份以及广东农村地区的医院进行签约合作的力度，建立跨地区、跨省的农村公共医疗转移、衔接及异地看病的可行方案。如流动人口患者有就医需求，可就近入院并享受医疗报销政策；患者出院后签约医院将患者报销所需的材料通过网络直接发往对应的县（市、区）负责部门，由其审核后，再将所报销的费用如数划入签约医院的账户；对企事业单位，应规定工伤保险、大病保险等险种成为企业雇主必须为流动人员购买的强制性险种。对于灵活就业的流动人员，鼓励其购买商业医疗保险。第四，养老保障。对流动人员来说，继续推进市、省、全国的社保统筹和转移，使流动人员参加养老保险真正落到实处。

四是建立面对未来的生育和养老服务体系。而对于日益严重的生育率锐减、老龄化问题，一是要缓和老龄化对人口发展的压力，还需完善“全面二孩”政策配套措施，同步提高妇女保健等公共服务能力和质量水平。同时加强对出生人口性别比例偏高问题的综合治理，促进人口性别比均衡。二是要建立以居家为基础、社区为依托、机构为补充的生育服务和养老服务体系，减轻政府养老服务的财政压力；三要推动养老综合服务业改革，尤其是养老服务业与健康服务业的融合发展，提供差别化的养老服务产品，发展养老金融；四要增加养老服务的财政投入，发展普惠性老年健康医疗福利及完善老年服务公共设施。

（四）打造“包容之城”：推进流动人口与城市的深度融合

一是继续推进“融合计划”。重点在流动人员聚集的社区，依托流动人员服务站，对流动人员就业政策、培训、心理咨询等方面提供咨询和服务。以社区为单位，广泛开展对遇到问题的机关与街道、社区结对帮扶活动。在子女教育、住房等方面对失业流动人员进行服务和帮助。

二是加大宣传力度。针对不同人群的生活特点，选择他们喜爱的方式，利用网络、板报、宣传栏、标语、电教、挂图、文艺演出等形式开展法制、治安宣传活动，并丰富流动人员的文化活动。积极探索“邻里守望”制度。通过居民之间互相帮助，邻里之间互相关心，一起来承担维护社会治安综合治理的责任与义务。

三是发挥党组织的作用。充分调动党员、团员的积极性，引导实行自我管理，建立相应的支部和小组，发挥他们的先锋模范作用。

四是培育有广州特色的社区文化。突出城市包容开放的主题思想，重点培育线上、线下两个社区。

五是依靠民间组织和志愿者团体。依托集中居住中心、居（村）综合活动室有针对性地开展社会公德、法制宣传、市民素质等教育活动，积极引导和吸纳流动人员参加社区自治组织和各类学习型、服务型、文体型、公益志愿型等居民互助性的社区民间组织，使他们逐步融入社区生活和社区管理。要切实改进服务形式，让流动图书馆、流动电影院真正走进流动人员中间；文化设施要向流动人员开放；要积极扶持打工者文化团体。

（五）打造“品质之城”：提升城市品质增加人口吸引力

目前，中国城市已经逐渐进入“人口资源争夺”战，在北上广深四大一线城市中，全面提升城市品质是广州人口凝聚力和城市竞争力的根本。

一是立足城市未来人口发展，适度超前设计。我们有必要根据广州未来城市人口发展预测结果，认真落实“创新、协调、绿色、开放、共享”的发展理念，立足未来，适度超前，更新城市管理理念。

二是优化空间结构，加快广州基础设施协调发展。加快进行基础设施的建设，增加基础设施供给的容量和利用效率。

三是紧跟交通需求，建设“人民交通”。全面梳理广州区域人口分布、土地利用和交通之间的特征和关系，控制职住平衡，科学合理规划道路和交通资源的供给；提高中心城区道路通达性。建议对广州目前存在的堵车黑点逐个进行个案分析，通过改善交通设计，打通一些断头路，在有条件、有必要的大型小区内部推进道路公共化。

四是大胆创新技术，创造智慧城市典范。不能设太多准入门槛，应大胆试点，积极创新，在全国范围内创新技术和管理，形成引领高科技风潮的智慧城市典范。

五是加快专业市场的搬迁、改造和升级。分批次推动中心城区专业市场的外迁工作。

六是加快三旧改造。坚持“定位准确、布局合理，统一规划，分步实施”，凭借旧城改造和城中村改造的契机，对老旧商铺进行置换，对零散的商铺进行统一的、整体的组织推进，对重点街道进行立面整饰改造，形成有传统建筑风貌、布局紧凑、街道空间感强和良好景观特色的传统商业网点；对网点布局进行科学、统一的规划，逐步整合原有沿街小店小铺，打造有一定吸引力、竞争力的特色小商圈。

七是加大城市水环境的改造。以水环境改造带动城市品质的提升，要处理好特色、时代性和创新性三个方面的问题。

总的来说，城市整体经济发展离不开人口的作用。传统的观点认为，人口红利是指一个国家劳动年龄人口占总人口比重较大、人口抚养比较低，因而储蓄率较高，从而促进高投资，保持较高增长率。过去的人口红利主要依靠资本的积累、劳动力的数量增加和抚养比的下降。各要素资源的重新配置推动了经济的发展。资本积累虽然体现为物质资本的积累，但也与人口因素密切相关：较低的人口抚养比为高储蓄、高积累、高投资提供了必要条件；劳动力的充足延缓了资本报酬递减规律的出现，提高了资本投入的回报率。因此，衡量人口红利往往从“劳动年龄人口数量”和“人口抚养比”两方面来观测。但是，纯粹从人口数量的视角来看待人口红利是不全面的。抚养系数的下降、劳动数量的上升、资本的积累、技术进步和资源配置结构的优化都是经济增长的重要源泉。在当前劳动力数量增长趋缓、总抚养比上升的整体态势下，必须依靠人口与资源的优化配置，包括人力资本开发、人口资源优化配置和技术进步，从而推动人口二次红利开发利用，达到经济增长的目的，这些都要依靠改革的力量。可从以下五个方面着手：

一是开发“人口增量红利”。对广州来说，目前依然还处于人口红利尾期和窗口期，当前可能是未来三十年内的最好、最关键的“抢人”阶段。吸引“额外的”大批人口流入比引进人才显得更为迫切。建议应当机立断布局五年内的人口引进战略，吸引增量人口进入广州，打牢城市发展的核心和基础；降低就业门槛，在短期内应重点考虑就业安置人口多的行业，迅速吸引一批劳动力来穗就业。

二是开发“人口素质红利”。传统的人口红利是粗放型的人口数量型红利。人口对经济发展的促进作用，除了表现在人口数量上，更体现在人口质量上。当人口质量和经济发展相匹配时，就会成为经济发展的推动器，反之则会成为经济发展的绊脚石。广州近年来异地来穗务工人员以高中以下学历劳动者占比最多，占71.3%，本科及以上学历12.2%，主要从事制造业、批发和零售业等，人口素质低于北京、上海。同时，广州具有丰富的年轻后备人才库。在全国来看，无论是大学数量，还是大学质量，广州市都名列前茅。但从毕业生留穗就业情况来看，广州市地区留穗就业毕业生占比由2014年的49.96%下降到49.75%，呈轻微下降趋势，特别是重点大学毕业生的外流现象更为明显。而上海大学生留沪比例达到70%，北京留京比例为60%。广州的人口素质开发潜力巨大。建议迅速将职业教育培训作为广州的重要事项来抓，通过推动人力资源的素质升级，开发人口新红利。建议整合、归并一批分散在各部门下属的中职学校、培训学校，改善办学条件、扩大办学规模，加强校企合作，促进向技术培训、城市通识教育、商贸、体育、文艺等专业化方向发展，满足各层次、多元化的教育需求；争取在三年内提供一批针对年轻的来穗人员的免费培训教育；建立专门针对在穗大学毕业生的留穗服务工作机制，提高在穗毕业生的留穗比例，三年内达到70%。

三是开发“人口产业结构红利”。经济的发展伴随着产业结构的发展。一般来说，资源配置的改进和技术进步，推动了产业向第三产业转移，提高了劳动生产率，劳动力的产业结构也相应变化，激发了新的人口红利。建议建立与广州产业转型升级需求相匹配的人力资源科学结构，重点在增强劳动力人力资源边际效率层面，不断加大财政转移支付对质优型、资源型、技能型、科技型、学习型与知识型的人力资本的边际报酬，推动人口产业结构转型，促进“人才红利”的产生。

四是开发“人口城镇化红利”。当前我国城市化和人口流动的动力主要是工业化，农民工已经离开乡村到城市就业与生活，但他们在公共服务、就业、教育、医疗等许多方面并未与城市居民享受同等的待遇，在城市没有选举权和被选举权等政治权利，这种“半城市化”“土地城市化，但人口未城镇化”“不完全城市化”的现象阻碍了剩余劳动力继续向城市转移、真正融入城市社会他们并未给城市经济转型升级提供动力。应开发“人口城镇化红利”，促进剩余劳动力继续向城市转移和市民化，从而为城市社会经济提供二次红利。建议积极发展服务业，推进“以人为核心”的人口城镇化，推动户籍制度的改革、居住证制度改革，使“户口”问题不再成为人口城镇化的障碍；多渠道探索建设保障性安居住房，扩大无房年轻人享受保障性安居住房的比例。加大住房公积金的缴存力度，扩大公积金覆盖和使用范围，将已经稳定就业并居住一定的年限的流动人口个人和家庭，纳入住房公积金体系，鼓励住房公积金用于购买或租赁自住住房。盘活公用资源，有序解决农民工的随迁子女教育问题，使有能力在城镇稳定就业和生活的常住人口实现有序市民化，推进城镇基本公共服务常住人口全覆盖。

五是开发“银发人口红利”。事实上，在人口新常态下，老年人口比例将逐渐增多，但其预期寿命和健康寿命逐渐延长将成为事实。相对于传统观念，人口年龄结构的定义也应相应调整。一方面，随着经济社会需求的升级，老年人口的消费和服务需求将可继续服务于经济社会建设任务。老年人的人力资源在经验积累、生产实践和消费升级方面，具有其群体的特点和不可替代的重要作用，充分利用可继续为社会经济带来收益。另一方面，对“养老金融、文娱扩展、医疗保健”等“银发市场”的开发，能进一步促进产业结构的转型升级，推动第三产业的发展。建议在南方人才市场等专业人口机构，建立专门针对退休老人劳动力的二次开发市场服务，整合闲散银发劳动力资源；以市场为主导，盘活现有的养老、医疗、休闲等资源，进一步整合闲置土地和厂房，充分利用公共活动场所，建设公办的普惠性养老机构，满足大众养老的需求；降低养老产业和养老服务进入门槛，出台金融扶持政策和优惠税收政策，鼓励有资质的国内外服务机构介入开展养老服务、壮大养老产业、培育专业人才，打造高中端的养老服务产业，形成与公办养老互为补充的养老服务；开辟养老新产业，建设医养小镇，探索“互联网+养老”新模式。发挥基层自治组织引导和社会组织在社区养老、居家养老的专业服务优势，扩大政府购买服务的力度，培育可复制、可推广的养老服务模式，满足基本养老服务需求。

附录 1　Vensim PLE 软件运行界面

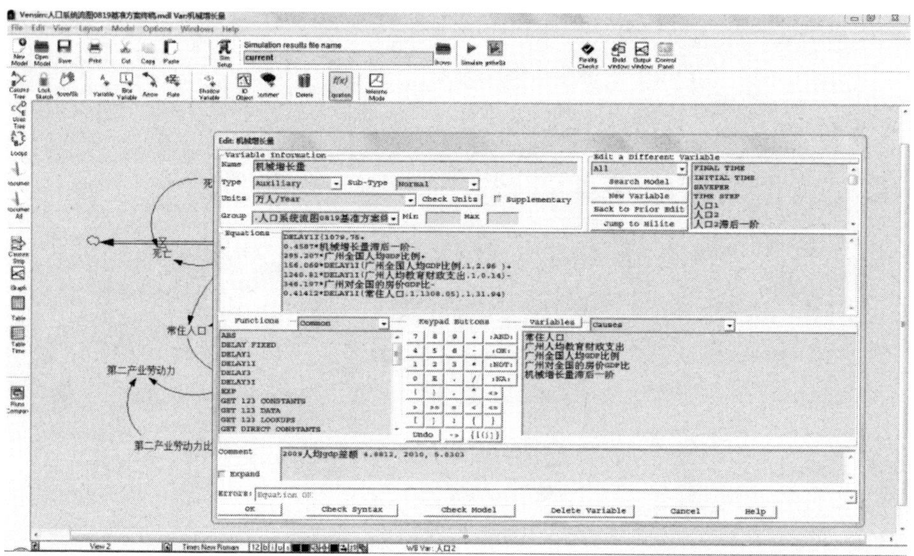

附录 2　Cobb – Douglas 生产函数估算

一、CD 生产函数

在经典的 CD 生产函数（Cobb – Douglas production function）中，生产总值是有资本和劳动决定的，其基本表示式为：

$$Y = AK^{\alpha}L^{\beta}$$

其中，Y 是生产总值，A 是包含技术进步的常数，K 是资本存量，L 是劳动力，α、β 是常数。

我们假定规模报酬不变，则生产函数可以变形为：

$$\frac{Y}{L} = A\left(\frac{K}{L}\right)^{\alpha}$$

其中，$\frac{Y}{L}$是人均产出，$\frac{K}{L}$是人均资本存量，我们分别用 y 和 l 表示，则方程可以表示为：

$$y = Ak^{\alpha}$$

在我们的经济子系统流图中，三次产业的生产总值是由资本存量和劳动力两个变量决定的，本来要估算两个常数 α 和 β，现在则转化为估计一个常数 α，本部分将进行这一工作。

二、估算资本存量

统计数据中，直接可查的包括产出、固定资产投资和劳动力等数据，但是资本存量则需要进行估算。本部分我们估算广州市三次产业资本存量。

目前被普遍采用的测算资本存量的方法是戈登史密斯（Goldsmith）于1951年开创的永续盘存法，基本思路是本期资本存量等于上一期资本存量扣除折旧加上本期投资，用公式表示为：

$$K_t = K_{t-1}(1-\delta_t) + I_t$$

其中，K 表示资本存量，δ 表示折旧率，I 表示固定资产投资，t 表示时期。永续盘存法有两个关键问题：基期资产存量、折旧率。我们将分三次产业逐一估算资本存量。

估算资本存量，首先要确定基期资本存量，但是基期的资本存量估算非常困难，一般都是采用经验性方法进行处理。所以各种文献中，假设和数据的不同会带来较大的偏差。不过因为基期的资本存量是逐年折旧的，随着年份的增加，基期资本存量对后续年份的影响越来越小。

我们采用霍尔和琼斯（Hall & Jones，1999）的方法来估算2000年三次产业的基期资本存量，其估算1960年各国资本存量的公式为 $K_{1960} = \frac{I_{1960}}{0.06+gt}$，其中0.06为折旧率，$gt$ 为样本期投资的几何平均增长率。

多数文献使用经验做法将我国的折旧率设定为5%左右（王小鲁，2000；卜永祥，2002；郭庆旺，2004），陈昌兵（2014）利用生产函数采用极大似然法估计的我国资本折旧率也在5%～6%，我们采用5%的作为资本存量估算的折旧率。

固定资产投资数据需要根据广州市历年固定资产投资价格指数进行平减，但是广州市2000～2004年的固定资产投资价格指数缺失，我们用广东省对应年份的固定资产投资价格指数代替。

广州市相关年份的GDP我们以2000年为基期，采用广州市CPI指数进行平减。平减后的广州市2000～2015年三次产业产值、劳动力及固定资产存量如附表2－1所示。

附表 2－1　2000～2015 年广州市产值、劳动力及固定资产存量

单位：亿元、万人

年份	第一产业			第二产业			第三产业		
	产值	资本存量	劳动力	产值	资本存量	劳动力	产值	资本存量	劳动力
2000	94.4	43.0	95.7	1021.6	873.3	198.3	1376.7	4643.3	202.3
2001	98.4	42.6	97.0	1124.7	971.3	196.0	1650.2	5244.0	209.9
2002	106.8	43.0	95.0	1255.3	1114.5	195.3	1958.1	5798.8	216.7
2003	113.8	42.2	95.9	1538.2	1280.7	200.2	2238.9	6436.6	225.0
2004	119.3	43.0	90.1	1820.8	1485.5	204.7	2592.0	7109.6	245.9
2005	130.6	41.7	86.9	2051.4	1814.5	222.2	2987.8	7748.8	265.3
2006	126.0	41.3	83.1	2393.6	2146.0	233.5	3443.0	8483.8	282.8
2007	142.1	40.2	77.5	2678.5	2398.3	247.7	3947.6	9367.3	298.4
2008	151.5	39.6	73.0	2889.8	2656.5	262.6	4378.1	10284.3	317.3
2009	158.2	40.6	73.4	3126.9	2994.7	273.3	5106.3	11593.0	332.5
2010	167.8	41.5	59.0	3560.7	3369.0	273.6	5834.0	13217.4	378.4
2011	172.5	42.5	62.9	3859.2	3642.6	282.9	6443.4	14839.0	397.3
2012	174.9	46.1	64.8	3863.1	3935.1	281.7	7051.4	16590.2	404.8
2013	182.3	52.2	64.7	4206.0	4302.4	263.1	7979.8	18692.9	432.1
2014	170.6	61.5	62.8	4361.1	4648.2	284.3	8500.2	21008.4	437.8
2015	174.1	85.3	62.9	4394.5	5036.4	286.9	9322.7	23614.5	461.2

注：产值以 2000 年为基期，根据广州市 CPI 指数平减。资本存量以 2000 年为基期，根据相关固定资产价格指数平减。

三、CD 生产函数的最小二乘法估计

我们按居民消费价格指数对三次产业的产值进行平减。对 CD 生产函数进行对数变换，转换为如下形式：

$$\ln(y) = \ln(A) + \alpha\ln(k)$$

我们把第一产业、第二产业和第三产业的 y 和 l 后面分别标上 1、2、3 以示区分。

对数化后三次产业的附表 2 - 2 如下。

附表 2 - 2　　对数化后的广州市 2000 ~ 2015 年三次产业数据

年份	第一产业		第二产业		第三产业	
	lny1	lnk1	lny2	lnk2	lny3	lnk3
2000	-0.01355	-0.79957	1.639416	1.48259	1.917689	3.133389
2001	0.014163	-0.82202	1.746969	1.600372	2.061926	3.218091
2002	0.117575	-0.79315	1.860525	1.741577	2.200977	3.286665
2003	0.171118	-0.81952	2.039229	1.855972	2.297549	3.353555
2004	0.280305	-0.74095	2.185726	1.982195	2.355171	3.364188
2005	0.407278	-0.73399	2.222607	2.099908	2.42133	3.374347
2006	0.41574	-0.70021	2.327255	2.218065	2.499228	3.401054
2007	0.606496	-0.65484	2.380687	2.270188	2.582254	3.44638
2008	0.729648	-0.61202	2.398435	2.314252	2.624449	3.478459
2009	0.768562	-0.59087	2.437114	2.393916	2.731696	3.551622
2010	1.044631	-0.35307	2.5659	2.510554	2.735499	3.553328
2011	1.008622	-0.39143	2.612994	2.555242	2.786025	3.620219
2012	0.993447	-0.34039	2.618307	2.636776	2.857571	3.713156
2013	1.036446	-0.21379	2.771646	2.794304	2.915936	3.767168
2014	0.999328	-0.02105	2.730527	2.794268	2.966178	3.871015
2015	1.018561	0.305229	2.728982	2.865315	3.006332	3.93574

分别作出第一产业、第二产业和第三产业对数化的人均产值对对数化后的人均资本存量的散点图，如附图 2 - 1 所示。

从附图 2 - 1 ~ 附图 2 - 3 中我们发现，第二产业和第三产业的人均产值对数与人均资本存量对数都存在近似的正相关关系，但是第一产业的相关关系则弱很多，另外，第一产业的产值和劳动力增长是负相关关系。当然，图形描述还不能反映变量间确定的数量关系，为进一步说明这几个数量指标之间的内在关联性，还必须经过相应的计量分析来说明验证。

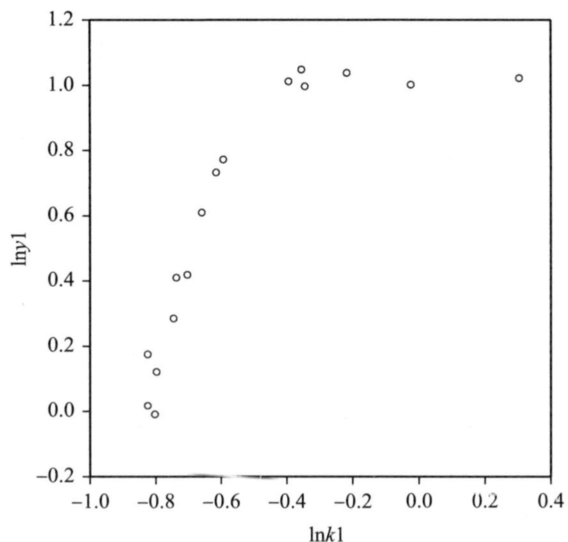

附图2－1　广州市对数化后的第一产业人均产值对人均资本的散点图

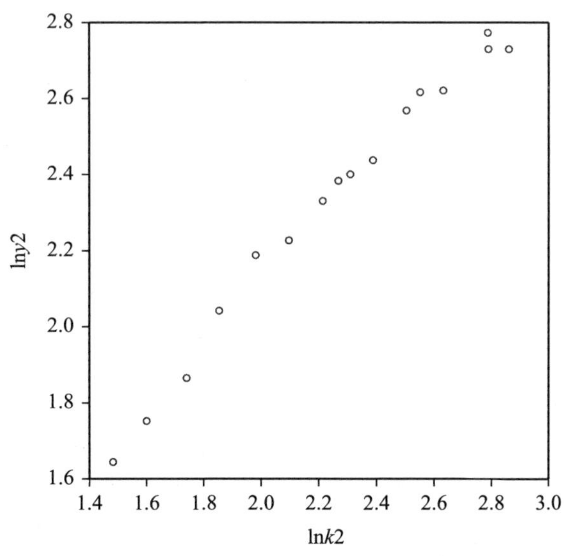

附图2－2　广州市对数化后的第二产业人均产值对人均资本的散点图

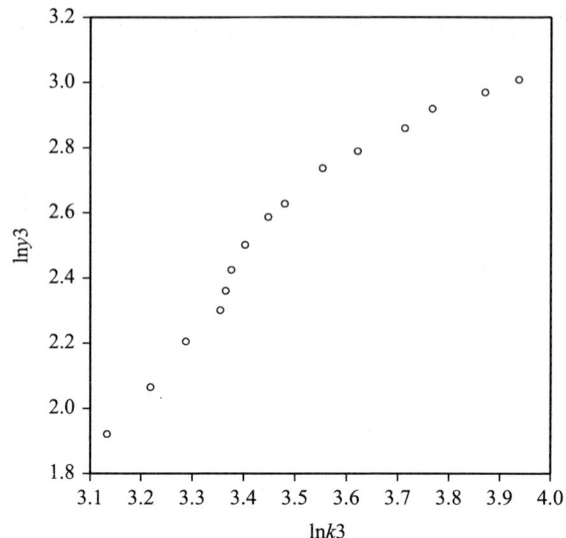

附图 2－3　广州市对数化后的第三产业人均产值对人均资本的散点图

计量方程如下。

$$\ln y1_t = c1 + \alpha 1 \times \ln k1_t + u1_t$$

$$\ln y2_t = c2 + \alpha 2 \times \ln k2_t + u2_t$$

$$\ln y3_t = c3 + \alpha 3 \times \ln k3_t + u3_t$$

$u1$、$u2$ 和 $u3$ 与 $u1$、$u2$ 和 $u3$ 是随机变量。

我们首先用最小二乘法对三个方程直接回归，回归结果如下：

Dependent Variable：ln*y*1
Method：Least Squares
Sample：2000 2015
Included observations：16

Variable	Coefficient	Std. Error	t－Statistic	Prob.
C	1. 121406	0. 113565	9. 874535	0. 0000
ln*k*1	1. 007545	0. 187345	5. 378024	0. 0001

续表

R – squared	0. 673836	Mean dependent var	0. 599898
Adjusted R – squared	0. 650538	S. D. dependent var	0. 399958
S. E. of regression	0. 236437	Akaike info criterion	0. 070195
Sum squared resid	0. 782631	Schwarz criterion	0. 166769
Log likelihood	1. 438440	Hannan – Quinn criter.	0. 075140
F – statistic	28. 92314	Durbin – Watson stat	0. 281605
Prob （F – statistic）	0. 000097		

Dependent Variable：ln$y$2
Method：Least Squares
Sample：2000 2015
Included observations：16

Variable	Coefficient	Std. Error	t – Statistic	Prob.
C	0. 491350	0. 066241	7. 417648	0. 0000
ln$k$2	0. 814186	0. 028850	28. 22104	0. 0000
R – squared	0. 982725	Mean dependent var		2. 329145
Adjusted R – squared	0. 981491	S. D. dependent var		0. 356499
S. E. of regression	0. 048501	Akaike info criterion		– 3. 098015
Sum squared resid	0. 032932	Schwarz criterion		– 3. 001441
Log likelihood	26. 78412	Hannan – Quinn criter.		– 3. 093069
F – statistic	796. 4271	Durbin – Watson stat		0. 755698
Prob （F – statistic）	0. 000000			

Dependent Variable：ln$y$3
Method：Least Squares
Sample：2000 2015
Included observations：16

Variable	Coefficient	Std. Error	t – Statistic	Prob.
C	– 2. 255805	0. 369170	– 6. 110484	0. 0000
ln$k$3	1. 374263	0. 105137	13. 07121	0. 0000

续表

R – squared	0. 924266	Mean dependent var	2. 559988
Adjusted R – squared	0. 918856	S. D. dependent var	0. 328506
S. E. of regression	0. 093578	Akaike info criterion	– 1. 783583
Sum squared resid	0. 122595	Schwarz criterion	– 1. 687009
Log likelihood	16. 26866	Hannan – Quinn criter.	– 1. 778637
F – statistic	170. 8564	Durbin – Watson stat	0. 208895
Prob （F – statistic）	0. 000000		

从这三个回归结果来看，第一产业的回归方程的 R^2 只有 0. 67，作为经典模型，解释力度明显不够。第二产业和第三产业的回归方程 R^2 超过了 0. 90，参数和方程都通过了 t 检验，但是 DW 统计量偏低，说明变量存在严重的自相关现象，如果直接用该方程回归，会导致虚假回归现象。而且第一产业和第三产业回归方程人均资本存量的系数明显偏高，从生产方程的经济学意义来看明显失真。

我们通过对三个回归方程的残差序列进行自相关回归及 ADF 检验，均存在一阶自相关，所以在回归方程中都应该引入一阶滞后项。

$$\ln y1_t = c1 + \gamma 1 \times \ln y1_{t-1} + \alpha 1 \times \ln k1_t + u1_t$$

$$\ln y2_t = c2 + \gamma 2 \times \ln y2_{t-1} + \alpha 2 \times \ln k2_t + u2_t$$

$$\ln y3_t = c3 + \gamma 3 \times \ln y3_{t-1} + \alpha 3 \times \ln k3_t + u3_t$$

回归结果如下：

Dependent Variable：ln*y*1
Method：Least Squares
Sample （adjusted）：2001 2015
Included observations：15 after adjustments

Variable	Coefficient	Std. Error	t – Statistic	Prob.
C	0. 096746	0. 126721	0. 763456	0. 4599
ln*k*1	–0. 015016	0. 133745	–0. 112276	0. 9125

续表

Variable	Coefficient	Std. Error	t – Statistic	Prob.
lny1(–1)	0. 938061	0. 110414	8. 495870	0. 0000
R – squared	0. 952883	Mean dependent var		0. 640795
Adjusted R – squared	0. 945030	S. D. dependent var		0. 377784
S. E. of regression	0. 088574	Akaike info criterion		–1. 833105
Sum squared resid	0. 094144	Schwarz criterion		–1. 691495
Log likelihood	16. 74829	Hannan – Quinn criter.		–1. 834613
F – statistic	121. 3428	Durbin – Watson stat		2. 403204
Prob (F – statistic)	0. 000000			

Dependent Variable: lny2
Method: Least Squares
Date: 08/19/17 Time: 02: 34
Sample (adjusted): 2001 2015
Included observations: 15 after adjustments

Variable	Coefficient	Std. Error	t – Statistic	Prob.
C	0. 457060	0. 090362	5. 058069	0. 0003
lnk2	0. 500497	0. 188565	2. 654238	0. 0210
lny2(–1)	0. 331159	0. 211611	1. 564939	0. 1436
R – squared	0. 983302	Mean dependent var		2. 375127
Adjusted R – squared	0. 980519	S. D. dependent var		0. 316107
S. E. of regression	0. 044120	Akaike info criterion		–3. 226957
Sum squared resid	0. 023359	Schwarz criterion		–3. 085347
Log likelihood	27. 20218	Hannan – Quinn criter.		–3. 228466
F – statistic	353. 3333	Durbin – Watson stat		1. 492900
Prob (F – statistic)	0. 000000			

Dependent Variable: ln*y*3
Method: Least Squares
Sample (adjusted): 2001 2015
Included observations: 15 after adjustments

Variable	Coefficient	Std. Error	t - Statistic	Prob.
C	-0.061671	0.175717	-0.350970	0.7317
ln*k*3	0.186929	0.088365	2.115424	0.0560
ln*y*3(-1)	0.792341	0.059867	13.23498	0.0000
R - squared	0.994584	Mean dependent var		2.602808
Adjusted R - squared	0.993681	S. D. dependent var		0.290159
S. E. of regression	0.023065	Akaike info criterion		-4.524105
Sum squared resid	0.006384	Schwarz criterion		-4.382495
Log likelihood	36.93079	Hannan - Quinn criter.		-4.525614
F - statistic	1101.763	Durbin - Watson stat		2.380245
Prob (F - statistic)	0.000000			

第二产业和第三产业的线性回归的 R^2 均在 0.95 以上，通过了 t 检验，所以第二产业和第三产业的生产方程函数如下：

$$\ln y2_t = 0.4571 + 0.3312 \times \ln y2_{t-1} + 0.5005 \times \ln k2_t$$

$$\ln y3_t = -0.0617 + 0.7923 \times \ln y3_{t-1} + 0.1869 \times \ln k3_t$$

第一产业回归的人均资本存量的系数是负数，明显不合理，而且不显著。考虑到第一产业的劳动力逐年减少，近年来的投资大幅增加，我们将第一产业的生产总值进行一阶自回归，回归结果如下。

Dependent Variable: ln*y*1
Method: Least Squares
Date: 08/19/17 Time: 12: 13
Sample (adjusted): 2001 2015
Included observations: 15 after adjustments

Variable	Coefficient	Std. Error	t - Statistic	Prob.
C	0.546647	0.251741	2.171463	0.0490
ln*y*1(-1)	0.897265	0.051081	17.56545	0.0000

续表

R－squared	0.959570	Mean dependent var	4.964410
Adjusted R－squared	0.956460	S. D. dependent var	0.203216
S. E. of regression	0.042404	Akaike info criterion	－3.359605
Sum squared resid	0.023375	Schwarz criterion	－3.265198
Log likelihood	27.19703	Hannan－Quinn criter.	－3.360610
F－statistic	308.5451	Durbin－Watson stat	2.686618
Prob（F－statistic）	0.000000		

第一产业的生产函数如下：

$$\ln y1_t = 0.5466 + 0.8973 \times \ln y1_{t-1}$$

第一产业、第二产业和第三产业的生产函数还原之后如下：

$$y1_t = 1.7255 \times y1_{t-1}^{0.8973}$$

$$y2_t = 1.5780 \times y2_{t-1}^{0.3312} \times k2_t^{0.5005}$$

$$y3_{t-1} = 0.9403 \times y3_{t-1}^{0.7923} \times k3_t^{0.1869}$$

我们根据这三个方程来设定模型参数。

附录3　人口1部分2016～2040年出生率和死亡率的设定

附表3－1展示了2000～2015年广州户籍人口自然增长情况：

附表3－1　　2000～2015年广州市户籍总人口自然变动情况

年份	年平均人数	出生		死亡		自然增长率（‰）
		人数	出生率（‰）	人数	死亡率（‰）	
2000	6928460	71248	10.28	39987	5.77	4.51
2001	7066438	67542	9.56	37641	5.33	4.23
2002	7166104	61929	8.64	39673	5.54	3.10
2003	7229059	57277	7.92	41082	5.68	2.24
2004	7314304	69928	9.56	41961	5.74	3.82
2005	7441021	65840	8.85	41949	5.64	3.21
2006	7556271	67662	8.95	40936	5.42	3.53
2007	7671004	71332	9.30	42548	5.55	3.75
2008	7788241	79130	10.16	44420	5.70	4.46
2009	7893925	76482	9.69	42746	5.42	4.27
2010	8003762	99779	12.47	45571	5.69	6.78
2011	8103584	87024	10.74	44130	5.45	5.29
2012	8184383	101782	12.44	50538	6.17	6.27
2013	8273033	115813	14.00	44966	5.44	8.56
2014	8373633	113926	13.61	46767	5.59	8.02
2015	8483041	150403	17.73	49158	5.79	11.94

资料来源：2000～2015年《广州市统计年鉴》。

一、出生率的设定

我国自1982年把计划生育确定为基本国策并写入《宪法》之后，

我国的出生率大幅下降，人口结构发生了巨大改变。从图中可以发现，广州市的出生率从2014年开始迅速攀升，与之对应的政策冲击是2013年底的“单独二孩”和2015年的“全面二孩”政策的相继出台。新生婴儿数量取决于孕龄妇女数量和生育意愿。2016年全面二孩政策实施后，对未来出生率将产生巨大的影响。

董玉整等（2016）通过调查问卷了解广州市育龄妇女的生育意愿，预测了到2030年的总和生育率。董玉整等（2016）认为2016～2017年，广州市总和生育率会明显提高，之后逐年下降至2026年稳定。

齐美东（2016）预测了实施全面二孩政策之后，未来我国的出生率。我们根据2000～2015年广州市人口出生率和全国出生率的差值，调整齐美东（2016）的预测数据作为2016～2040年广州市人口1出生率的预测。

详细内容见附表3－2。

附表3－2　　2000～2040年广州市出生率与全国出生率

年份	广州出生率（‰）	全国出生率（‰）	年份	广州出生率（‰）	全国出生率（‰）
2000	10.28	14.03	2013	14.00	12.08
2001	9.56	13.38	2014	13.61	12.37
2002	8.64	12.86	2015	17.73	12.07
2003	7.92	12.41	2016	14.21	15.72
2004	9.56	12.29	2017	15.12	16.63
2005	8.85	12.40	2018	14.05	15.56
2006	8.95	12.09	2019	12.99	14.50
2007	9.30	12.10	2020	12.91	14.42
2008	10.16	12.14	2021	13.03	14.54
2009	9.69	11.95	2022	12.90	14.41
2010	12.47	11.90	2023	12.78	14.29
2011	10.74	11.93	2024	12.66	14.17
2012	12.44	12.10	2025	12.53	14.04

续表

年份	广州出生率（‰）	全国出生率（‰）	年份	广州出生率（‰）	全国出生率（‰）
2026	12.39	13.90	2034	11.43	12.94
2027	12.27	13.78	2035	11.31	12.82
2028	12.15	13.66	2036	10.87	12.38
2029	12.03	13.54	2037	10.81	12.32
2030	11.91	13.42	2038	10.75	12.26
2031	11.78	13.29	2039	10.69	12.20
2032	11.67	13.18	2040	10.62	12.13
2033	11.55	13.06			

注：2000～2015 年数据来自相关统计年鉴，全国 2016～2040 年数据来自齐美东（2016），广州 2016～2040 年数据根据齐美东（2016）调整。

二、死亡率估算

广州市户籍人口的死亡率在近 15 年一直比较稳定，略超过 5‰，均值为 5.62‰。死亡率与年龄结构高度相关，应当基于当前的年龄结构和人均预期寿命预测广州市 2016～2040 年的死亡率。

广州市 2015 年人均预期寿命为 81.34 岁，高于全国平均人均预期寿命（76.34 岁）5 岁，与日本和中国香港这两个人均预期寿命最高的地区差距也非常小。同时假定直到 2040 年关于老年人健康的医学技术没有发生重大变革，我们假定广州的人均寿命保持稳定。

附表 3－3 是 1990 年第四次全国人口普查的年龄结构。

附表 3－3　　1990 年第四次全国人口普查年龄结构

年龄	占比（%）
25～29	9.22
30～34	7.42
35～39	7.64

续表

年龄	占比（%）
40～44	5.64
45～49	4.34
50～54	4.04
55～59	3.69
60～64	3.01

资料来源：第四次全国人口普查数据。

从附表3－3中可以看到，1990年55岁往下人口比迅速增加，对应的是我国1949～1957年第一次人口剩余高峰。我们根据1990年相关年龄人口占比来估算2016～2040年的户籍人口死亡率。这种估算有两种低估的影响因素：

（1）随着社会发展人均寿命延长，但如前文所述，广州的人均寿命已经非常高了，在医学没有较大突破的前提下很难再大幅度增加；

（2）1990年人口普查大年龄组已经有部分人去世了，但该项调查是目前最适合本研究的人口调查数据。这种估算还有一种高估的影响因素：中国人口总数在2028年到达峰值之后逐年减少，死亡率开始相对高估。估算结果详见附表3－4、附表3－5。

附表3－4　　2016～2040年广州市户籍人口预期死亡率

年份	死亡率（‰）
2017～2020	5.62
2021～2025	6.04
2026～2030	7.85
2031～2035	10.63
2036～2040	10.32

附表 3－5　国内外人口预测的参数设置

北京市2050年人口队列因素模型预测的主要参数				
方案	总和生育率	年净迁入人口	人口预期寿命	出生性别比
低方案	在整个预测周期（2001～2050）内基本保持2000年的生育水平不变，城市的总和生育率为0.77，农村的总和生育率为0.97	2001～2007年，按实际迁入人口计算；2008～2020年，每年流入10万人，男女各占5万人；2021～2050年，每年流入6万人，男女各3万人	三个方案形同。城镇男性：在2000～2020年从75.4岁线性增长到77.53岁。2020年后，按每年增加0.05岁从77.53岁线性增长。城镇女性：在2000～2020年从78.49岁线性增长到80.35岁。2020年后，按每年增加0.05岁从80.35岁线性增长。农村男性：在2000～2020年从71.91岁线性增长到73.82岁。2020年后，按每年增加0.05岁从73.82岁线性增长。农村女性：在2000～2020年从75.14岁线性增长到76.64岁。2020年后，按每年增加0.05岁从76.64岁线性增长	三个方案相同。以2000年出生性别比114为基数，线性递减到2008年的108，2009～2050年保持108的水平不变
中方案	城镇育龄妇女总和生育率水平到从2000年的0.77提高到2010年的1.04，再到2020年提高到1.23，2020年以后的总和生育率保持这一水平不变。农村到2010提高到1.37，2020提高到1.63，之后保持这个水平不变	2001～2007年，按实际迁入人口计算；2008～2020年，每年流入15万人，男女各占7.5万人；2021～2050年，每年流入12万人，男女各6万人		
高方案	城镇育龄妇女总和生育率水平到2020年线性提高到1.418，农村育龄妇女总和生育率水平到2020年线性提高到1.831，2020年之后此后保持相应水平不变	2001～2007年，按实际迁入人口计算；2008～2020年，每年流入25万人，男女各占12.5万人；2021～2050年，每年流入18万人，男女各9万人		

续表

中国香港2017～2060年人口推算参数设置

生育推算 fertility projections	拟定的生育假设 fertility assumptions made	死亡推算 mortality projections	拟定的死亡假设 mortality assumptions made	人口迁移推算 movement projections	拟定的人口迁移的假设 movement assumption made
年龄组别生育率过去的趋势是订定生育假设的基础。在生育分析及推算中，已考虑各种因素，包括曾经结婚女性比例、已婚女性年龄别生育率及内地女性在香港产子的情况，以推算将来的生育率	（一）晚婚及女性独身的趋势预计将会持续，更少女性会于育龄期内结婚。根据推算，在2066年大约每3名女性有1名在其育龄期完结时仍维持未婚，这个比率较2016年的约每7名女性有1名未婚为高。 （二）将近30岁及以后的已婚女性生育率推算于未来数年会稍微上升，其后会渐趋平稳。其余年龄的已婚女性生育率预计于推算期内会维持平稳。 （三）基于2012年后丈夫为非香港居民的内地孕妇在港分娩服务的零配额政策，第二类婴儿的数目在整个推算期间假设为零。至于第一类婴儿，根据过往趋势，假设每年有5600名。第一类婴儿 Type I Babies	香港未来的死亡水平使用 Lee－Carter 方法来推算。这方法使用年龄性别死亡率的过去趋势建立统计模型。为确保所推算的死亡率是合适和没有矛盾，曾进行下列验证： （1）根据过去的趋势及近期的情况，核对推算所得死亡率中男性死亡率相对女性死亡率的差异； （2）根据其他经济体的过去经验及推算，评估从推算死亡率所得未来的出生时平均预期寿命。 推算所得的死亡率用以编制人口生命表，再从人口生命	促使死亡率在过去20年持续下降的原因很多。现在社会较以前生活丰裕，市民在接受更多教育后更加注重健康。死亡情况能否进一步改善将视乎人们对均衡饮食、健体、环境保护的注重程度及避免吸烟害处的态度。 预期男、女性的死亡情况会不断改善并持续过去死亡率的下降趋势，唯有死亡率的下跌步伐将减慢	香港人口的近期居住和流动形态，是拟定人口迁移假设的基础	以下5个组成部分：（1）香港永久性居民进入“常住居民”类别的净流动；（2）“流动居民”的净流动；（3）香港永久性居民使用回港证作旅游证件的净流动；（4）单程证持有人首次来港时的流入；及（5）除单程证持有人外，香港非永久性居民的净流动（包括由旅客身分转为居民身分人士数目的净变动）。 （1）香港永久性居民进入“常住居民”类别的净流动 每年都有相当数目的人士迁移到内地居住或以移民签证到海外定居。由于当中一些人士大部分时间会继续在香港逗留，他们仍然是“常住居民”。另一些人士逗留在香港的时间较少，但仍可符合被界定为“流动居民”。其他定居于香港以外的人士便会视为已经脱离了“居港人口”。相反，亦有人重新投入“居港人口”成为“流动居民”或“常住居民”。

续表

中国香港 2017～2060 年人口推算参数设置					
生育推算 fertility projections	拟定的生育假设 fertility assumptions made	死亡推算 mortality projections	拟定的死亡假设 mortality assumptions made	人口迁移推算 movement projections	拟定的人口迁移的假设 movement assumption made
	是指配偶为香港永久性居民的内地女性在香港所生的婴儿。第二类婴儿 Type II Babies 是指配偶为非香港永久性居民的内地女性在香港所生的婴儿	表计算前向存活率。前向存活率是评估老龄化及前向存活过程所需的数据			与此同时，亦有一些人士从“流动居民”转变为“常住居民”或从“常住居民”转变为“流动居民”。 （2）“流动居民”的净流动 从 2011 年年中至 2016 年年中（2013 年年中除外），“流动居民”均录得净流入。这亦是根据香港永久性居民使用香港身份证出入境的记录来编制。“流动居民”类别推算仍有温和的净流入，每年的净流入由 2016 年年中的 400 人上升至 2028 年的 4400 人，其后缓慢减少至 2066 年年中的 300 人。 （3）香港永久性居民使用回港证作旅游证件的净流动 因为 11 岁以下的儿童不能使用香港身份证进入内地及澳门，他们多数使用回港证。因为近年有相当数目的内地女性在港产子，而且部分会带同所生子女实时返回内地生

续表

中国香港2017～2060年人口推算参数设置					
生育推算 fertility projections	拟定的生育假设 fertility assumptions made	死亡推算 mortality projections	拟定的死亡假设 mortality assumptions made	人口迁移推算 movement projections	拟定的人口迁移的假设 movement assumption made
					活，所以0岁的人口会出现显著的净流出。不过，部分婴儿会在长大后返回香港，故此0岁以上的人口会出现净流入。 （4）单程证持有人首次来港时的流入 根据《基本法》，单程证配额是“由中央人民政府主管部门征求香港特别行政区政府的意见后确定”。自1995年7月1日起，配额是每天150人。单程证持有人的流入是根据近年持单程证来港人士的趋势而推算。推算单程证人数会由2016年年中每日128人逐渐减少至2026年年中及以后约为每日100人。预计推算初期人数较多，因仍有超龄子女（1）及其配偶和未成年子女来港。 （5）除单程证持有人外，香港非永久性居民的净流动（包括由旅客身分转为居民身分的净变动）

续表

纽约市2040队列因素模型参数设置		
生育率	死亡率	迁移率
以纽约市健康和心理卫生局提供的出生人口数据为样本，基于2010年纽约市人口普查得出的各区分性别年龄人口数据，计算得出的各区的分年龄生育率。为避免任何一年数据异常的情况，设定2008～2010年的平均生育率在整个2010～2040年预测期间保持不变	以纽约市健康和心理卫生局提供的死亡人口数据，基于2010年纽约市人口普查得出的各区分性别年龄人口数据，计算得出的各区的分性别年龄人口死亡率，以此作为按性别、年龄计算存活率的生命表的基础。 2010～2020年期间采用的初始存活率是按照传统的方法，即直至55～59岁以前，越年轻的年龄组存活的可能性越高。 2020～2040年期间，以2020～2025年为起点，采用美国社会保障局提供的预期寿命增加方案，每个年龄组的存活率都按具体年龄寿命增加的比例上升。但鉴于2010年纽约市的预期寿命已经超过全国平均水平，因此纽约市存活率不可能按照国家存活率提高的比例继续上升。纽约市各区存活率的比例按照纽约市与国家存活率水平差异的50%增加，这种方法在每个10年的时间点重复，同时保持5年期间与10年存活率之间的恒定	由于迁移率具有极大的变动性和不可预测性。在长期预测中需选择净迁移率，首先利用1990～2000年和2000～2010年的十年期普查数据推算了各区具体年龄的粗迁移率。其次综合考虑了土地利用与承载力水平、人口密度、经济发展水平、区域吸引力、政治边界，以及住宅建设的高成本亦对人口增长的限制作用等诸多因素对净迁移率进行调整

续表

伦敦市2041队列因素模型参数设置				
生育率	死亡率	出生人口性别比	国际迁移率	国内净迁移率
根据国家统计局2012年所作的全国人口预测方案中的分年龄生育率作为生育率参数基础，并对2013～2014年出生人口进行估计，将估计值与实际值进行对比，对2012年全国人口预测方案中的分年龄生育率进行调整修正。 2014年以后的生育率采用2012年全国人口预测方案调整后的分年龄生育率	根据国家统计局2010年中期至2014年中期的分性别年龄死亡的人口数据，计算得出2010～2014年的分性别年龄人口死亡率，以此对2014～2015年的分性别年龄人口死亡率作线性外推。2015年之后的死亡率变化，根据2014年英国全国人口预测中设定的分性别年龄人口死亡率的变化比例进行相应的调整	设定出生人口性别比105。也即假定每年出生总人口中，每出生100名女婴相对应的男婴出生数为105	根据国家统计局统计的国际流入和流出的分性别、年龄迁移人口数据，依据历史数据计算分性别、年龄人口迁移的平均概率。 短期预测方案使用近五年国际迁移人口数据（2010年中至2014年中），而长期预测方案使用近12年迁移人口历史数据（2003年中至2014年中）。 根据预测期间的分性别、年龄人口的迁移概率，计算出预测期间的平均迁入和迁出人口数量，将由国际迁移流动产生的净迁入人口增加到预测模型中	根据国家统计局统计的国内分性别年龄流动人口历史数据，每年产生一个4维的国内流动人口迁移矩阵，计算每个区域的分性别和年龄人口的流动概率，将国内净迁入人口加入到预测模型中。 短期预测方案使用近五年国内流动人口数据（2010年中至2014年中），而长期预测方案使用近12年国内流动人口数据（2003年中至2014年中）

续表

台北都会区2051年人口推估参数设置		
出生率估计	死亡率估计	迁移估计
30年间，总生育大致在1.27左右徘徊，两个年度之间的标准差约为0.19因为台北都会区的总生育率之变化不大，先不考虑人口专家的建议，先使用区块拔靴法推估这4个城市的未来生育率，视为随机方法的推估值，亦即透过资料驱动外推的预测值；之后再参考专家座谈会的主观意见。 除了随机推估外，本研究也透过专家座谈会搜集生育率的专家意见，最后再综合两者意见。由于专家意见大多属于质性信息（Qualitative Information），搜集及整理比较不容易，因此本研究采用焦点团体访谈（Focus Groups Interview）及德尔菲法（Delphi Method）；综合两者以取得适合台北都会区的生育率假设	使用最近20年（1996～2015年）死亡资料，透过常见的随机模型推估未来台北都会地区4个城市的年龄别死亡率。 为了更详细地探究未来高龄人口的人数、比例及成长幅度，我们考量死亡率的年龄范围从零岁至110岁。基期生命表的编算方法大致和台湾行政部门的生命表类似，0～89岁的死亡率由核修匀法使之平滑，高龄死亡率由60～84岁死亡率代入Gompertz模型，再外推至110岁，60至84岁死亡率由核修匀法、Gompertz模型估计值两者的线性加权取得。各国的死亡率改善多半透过随机模型，Lee－Carter是常用的模型之一，自从1992年推出后，这个模型大概是最受欢迎的模型，无论人口推估、社会及商业保险的费率计算，大多都会考虑这个模型。我们以台北市、新北市、基隆市、桃园市过去20年的死亡资料，分别代入Lee－Carter模型。然而，由于Lee－Carter模型在人数较少时（20万以下）的估计容易产生偏误，在使用这个模型时先测试其实质效果，若出现较为异常的现象，则需斟酌实际状况调整参数估	迁移假设的处理方式和生育率、死亡率不同，一则因为年度之间的变化幅度较大，不容易以年龄别迁移率的方式处理，另一方面则因迁移有迁出、迁入（设定为正值、负值）两个方向，而且也与迁入地区、迁出地区有关，较佳的处理方式为加入空间因素，以行政部门的数据为准

续表

中国台湾地区2016～2051年人口推估参数设置重点研究方法解释		
区块拔靴法（Block Bootstrap）	焦点团体访谈（Focus Groups Interview）	德尔菲法（Delphi Method）
本研究选择区块拔靴法（block bootstrap）。区块拔靴法为拔靴法（bootstrap）的延伸应用，拔靴法最早由伊弗伦（Efron，1979）提出，借由对已知的观察值重复抽样来模拟母体分配。区块拔靴法最早则由霍尔（Hall，1985）提出，于昆什（Kunsch，1989）的论文中有较完整的讨论。陈政勋与余清祥（2010）将区块拔靴法应用于县市层级的小区域人口推估，在台北市与云嘉两县的人口推估结果尚称不错，但总人口数较少的澎湖县则因为受限于资料而影响推估结果。区块抽取的权重常见的有均匀（uniform）分配与线性权重（linear weighted），前者表示过去各区块发生的机率均等，后者认为距离现在越近的区块发生机率越大，由于区块拔靴法一次抽取多年的变动幅度，也保留了资料间的相关性	计值第二次世界大战后由于商务蓬勃发展，市场调查员为了了解消费者对产品的看法，以促进商品的销售量，集合与该商品有关的消费者（焦点团体），搜集这些参与者的意见及感受，这种意见搜集方式称为焦点团体访谈。 焦点团体访谈是一个谨慎规划的系列讨论，目的在于搜集质性资料（Qualitative Data）。这种方法始于50年代的美国市场调查研究公司，学术界在80年代正式引进，撷取商界的策略并加以修改，使焦点团体访谈适用于其他领域（Krueger and Casey，2000）。每个焦点团体由一个主持人（moderator）带领，通常有4～12个参与者，而参与者均具有与该焦点团体的主题有关的某些特质，访谈时透过团体成员的互动，使成员表达、分享个人经验及想法，亦即借由团体互动刺激思考。焦点团体访谈为质性研究中最常用的方法，比个别访谈更容易发现新概念、新创意而且快速，能节省大量时间（Morgan，1988）。此外，焦点团体的特色也包括在有共同聚焦的讨论主题下，由于没有必须达到某个共识的压力，或是以检验某些假设或理论为前提，采提，采取对参与者的发言采取开放性、批判式的评论，因此能搜集更为多样的信息	德尔菲法最早是在1964年由高顿和赫梅尔（Gordon and Helmer）提出，开始时用于解决复杂的军事问题及军事预测，后来逐渐被应用于任何领域的预测，如人口预测、医疗保健预测、经营和需求预测、教育预测等。德尔菲法（Delphi Method；或译为叠慧法）是常见的专家意见搜集方法，以不记名的书面通讯问卷，经过多次、来回地意见反馈及汇整，根据最后一次问卷的统计结果，概略估算出专家们预期的未来趋势。因为需要多次的意见交换，规划德尔菲法非常不容易，加上问卷格式、人力等配合，执行的难度相当高。达尔奇（Dalkey，1969）认为，德尔菲法的理论有几个假设： （一）团体比个人拥有更多信息； （二）专家拥有专业知识，因此以专家进行预测或判断堪称合理； （三）一群专家比其他群体更能提供正确信息； （四）匿名式访问或问卷可以降低人际关系的负面影响，有利呈现真实意见，使少数意见得到尊重； 与焦点团体访谈不同，德尔菲法是匿名式的专家团体意见判断方法，具有评估现况、预测未来的功能，主要以问卷搜集专家的团体意见，问卷发放方式可依受访专家方便而调整。因为匿名参与讨论，原则上专家之间无法互相讨论，较能保留个人的想法，降低因为意见相左或是碍于情面不发表各人意见等之人际冲突，使得意见的面向更广泛、更多元。另外，德尔菲法不局限在质性信息，亦能搜集量化资料，使用时更有弹性，且因其集思广益、维持专家独立想法、打破时空距离等优点，面对不明确性度高、具争论性之议题更能发挥效果，像是企业人力资源的需求预测，以及新型态商品销售量预测

附录4　机械增长率的参数估计

一、理论分析

广州市常住人口从2000年的994.8万增长到2015年的1350.1万人，增长了355.3万人，年均增长速度2.1%远远超过同期中国人口的增长。王桂新（2000）和段成荣等（2009a，2009b）年的研究表明，我国人口流动的流入地呈现向东部少数地区集中的趋势。

目前对于流动的原因研究不多，部分研究认为吸引人口流动的主要因素包括经济因素、发展水平和容纳能力。段成荣等（2009b）认为收入差距是导致人口进一步向少数东部城市集中的主要原因。张耀军等（2014）采取空间分析方法认为较高的职工工资是城市吸引流动人口的重要因素，社会公共资源对省内人口流入影响较大。童玉芬和王莹莹（2015）认为流入地的净收入对流动人口流入地的选择具有显著影响。刘玉（2014）认为导致该格局的原因主要包括区域、城乡发展差距与要素集聚格局以及流动人口接纳安置能力与政策等。孙焱林等（2015）研究了2000～2011年59个大中城市的面板数据，发现房价冲击对人口迁移具有负向影响。项本武等人（2017）利用全国213个城市2003～2013年的面板数据，认为收入水平、生活质量和生活成本是影响人口迁移的重要因素，并且流动人口有向大城市集聚的趋势。

二、变量和数据

我们在自然增长的部分只计算了初期户籍人口的自然增长，初期非户籍常住人口的自然增长和后期户籍人口的机械增长则计入迁移人口部分。我们根据可获得的数据，迁移人口统计设定如下：

$$净迁移人数_t = 常住人口_t - 常住人口_{t-1} - 户籍人口自然增长_t$$

2000～2015年净迁移人口如附表4－1所示：

附表4－1　　2000～2015年广州市常住人口和净迁入人口

年份	常住人口（万人）	净迁入人口（万人）	年份	常住人口（万人）	净迁入人口（万人）
2000	994.8	41.0	2008	1115.3	58.9
2001	996.8	－1.0	2009	1187.0	68.3
2002	984.8	－14.2	2010	1271.0	78.6
2003	972.9	－13.4	2011	1275.1	－0.1
2004	966.1	－9.7	2012	1283.9	3.6
2005	949.7	－18.8	2013	1292.7	1.7
2006	996.7	44.3	2014	1308.1	8.7
2007	1053.0	53.5	2015	1350.1	31.9

我们认为，影响广州常住人口机械增长的变量应该包括：收入、公共服务、生活成本和人口密度四个方面。拟通过时间序列的回归估算各种因素影响广州人口机械增长的参数。

收入方面，因为人们有向收入较高的地区转移的倾向，所以我们选取了广州人均GDP相对全国人均GDP的比值作为指标变量。因为经济发展一方面存在吸引人口的作用，另一方面，也存在将部分低收入者挤出的作用。该影响因素的符号预期不明确。

公共服务方面，我们采用人均教育支出作为指标。教育和医疗是两项衡量公共服务水平的重要指标，但是我们并没有使用卫生医疗支出，一方面是因为广州财政的卫生医疗支出与教育支出具有共线性，另一方面我们认为广州作为国内三大医疗中心之一，获得的资源远远超过广州市和广东省的财政支出，而且医疗资源的使用也不仅仅包括广州地区的常住居民。这个指标我们没有用广州和全国的比例变量，主要原因是国家的教育支出不仅仅中小学教育，而且包括高等教育，国内居民的中小学教育选择受地域约束，而高等教育的选择受到的地域约束较少，大多数人不会为了去北京或者上海念大学而迁移过去。预期该指标符号为正。

生活成本指标我们选择了房价，以广州和全国的房价对人均 GDP 的比值作为指标。预期该指标符号为负。

人口容纳我们选取了常住人口数量作为指标。人口阻滞增长模型是考虑到自然资源、环境等因素对人口增长的阻滞作用，人口增长率随着人口数量的增加而下降，即人口增长率是人口总数的减函数。预期该指标符号为负。

部分数据来自相关年份《中国统计年鉴》《广州统计年鉴》，其他部分数据来自广州市统计局、广州市公安局、广州市来穗服务管理局，相关经济数据以 2000 年为基期通过全国和广州的 CPI 进行平减。处理后的数据如附表 4 – 2 所示。

附表 4 – 2　　　广州市净迁入人口回归数据

年份	净迁入人口	$\frac{\text{广州实际人均 GDP}}{\text{全国实际人均 GDP}}$	广州人均实际财政教育支出	$\frac{\text{广州实际房价}/\text{广州实际人均 GDP}}{\text{全国实际房价}/\text{全国实际人均 GDP}}$	广州市常住人口
	nm	*gdpr*	*edupgz*	*hpgdpr*	*popgz*
2000	41. 0239	3. 16702	0. 025324	0. 758588	994. 8
2001	– 1. 0401	3. 341647	0. 030996	0. 622071	996. 75
2002	– 14. 2156	3. 553481	0. 037434	0. 556167	984. 76
2003	– 13. 4495	3. 800897	0. 040121	0. 501046	972. 93
2004	– 9. 6667	3. 955275	0. 047632	0. 461833	966. 06
2005	– 18. 7691	4. 061738	0. 050025	0. 453069	949. 68

续表

年份	净迁入人口	$\frac{\text{广州实际人均 GDP}}{\text{全国实际人均 GDP}}$	广州人均实际财政教育支出	$\frac{\text{广州实际房价}/\text{广州实际人均 GDP}}{\text{全国实际房价}/\text{全国实际人均 GDP}}$	广州市常住人口
	nm	*gdpr*	*edupgz*	*hpgdpr*	*popgz*
2006	44.3074	3.888616	0.051531	0.539614	996.66
2007	53.4716	3.574668	0.072716	0.698313	1053.01
2008	58.859	3.329471	0.077005	0.795105	1115.34
2009	68.2564	3.231487	0.085335	0.684876	1186.97
2010	78.5692	3.017273	0.078844	0.818262	1270.96
2011	-0.1094	2.945172	0.115949	0.815652	1275.14
2012	3.6256	2.892301	0.142522	0.835644	1283.89
2013	1.7053	2.997108	0.156761	0.870376	1292.68
2014	8.6541	2.95817	0.136585	0.915718	1308.05
2015	31.9355	2.907696	0.130114	0.813467	1350.11

三、模型回归

回归模型设置为：

$$nm_t = c + \alpha \times gdpr_t + \beta \times gdpr_{t-1} + \gamma \times edupgz_{t-1} + \delta \times hpgdpr_t + \varepsilon \times popgz_t + \theta_t$$

其中，*nm* 是净迁入人口，*gdpr* 是广州对全国的实际 GDP 比值，*edupgz* 是广州市人均财政教育支出，*hpgdpr* 是$\frac{\text{广州实际房价}/\text{广州实际人均 GDP}}{\text{全国实际房价}/\text{全国实际人均 GDP}}$，*popgz* 是广州市常住人口，$\theta$ 是误差项，*t* 是时间变量。

经检验，*nm* 存在一阶自相关，检验结果如下。

Sample: 2000 2015
Included observations: 16

Autocorrelation	Partial Correlation		AC	PAC	Q-Stat	Prob
		1	0.568	0.568	6.1936	0.013
		2	0.222	-0.149	7.2066	0.027
		3	-0.101	-0.244	7.4330	0.059
		4	-0.415	-0.347	11.559	0.021
		5	-0.583	-0.287	20.447	0.001
		6	-0.322	0.269	23.438	0.001
		7	-0.185	-0.167	24.529	0.001
		8	-0.014	-0.112	24.535	0.002
		9	0.148	-0.093	25.440	0.003
		10	0.178	-0.091	26.961	0.003
		11	0.044	-0.097	27.074	0.004
		12	0.007	-0.097	27.078	0.008

Null Hypothesis: NM has a unit root
Exogenous: Constant
Lag Length: 0 (Automatic-based on SIC, maxlag = 3)

		t – Statistic	Prob. *
Augmented Dickey – Fuller test statistic		-1.909628	0.3193
Test critical values:	1% level	-3.959148	
	5% level	-3.081002	
	10% level	-2.681330	

Null Hypothesis: D (NM) has a unit root
Exogenous: Constant
Lag Length: 0 (Automatic-based on SIC, maxlag = 3)

		t – Statistic	Prob. *
Augmented Dickey – Fuller test statistic		-3.699389	0.0173
Test critical values:	1% level	-4.004425	
	5% level	-3.098896	
	10% level	-2.690439	

所以我们在回归方程中加入了 nm 的一阶滞后项，回归结果如下。

Dependent Variable：NM
Method：Least Squares
Sample（adjusted）：2001 2015
Included observations：15 after adjustments

Variable	Coefficient	Std. Error	t – Statistic	Prob.
C	1079.756	310.5397	3.477029	0.0084
NM(–1)	0.458862	0.234373	1.957825	0.0859
GDPR	–295.2086	66.84705	–4.416180	0.0022
GDPR(–1)	156.0692	34.85232	4.478015	0.0021
EDUPGZ(–1)	1240.812	406.7733	3.050376	0.0158
HPGDPR	–346.1973	122.7764	–2.819739	0.0225
POPGZ（–1）	–0.414117	0.128802	–3.215137	0.0123
R – squared	0.902591	Mean dependent var		19.47558
Adjusted R – squared	0.829534	S. D. dependent var		33.13386
S. E. of regression	13.68015	Akaike info criterion		8.374494
Sum squared resid	1497.173	Schwarz criterion		8.704917
Log likelihood	–55.80870	Hannan – Quinn criter.		8.370974
F – statistic	12.35463	Durbin – Watson stat		2.417798
Prob（F – statistic）	0.001149			

净迁入人口的一阶滞后项与当期净迁入人口正相关，说明前期的净迁移人口对当期的净迁移人口产生同向影响。当期广州对全国的人均GDP 比值对当期净迁移人口具有负向影响，反应了经济增长对人口的挤出效应。前期的人均 GDP 比值和广州市人均财政教育支出对当期人口迁移具有正向影响，说明前期的高收入和教育水平的提高吸引人口迁入。房价比和常住人口数量对人口迁入的影响是负的，说明高生活成本和人口密度对人口产生了挤出效应。所有因素的符号符合预期。

我们将下列方程参数代入系统动力学流图。

$$\begin{aligned} nm_t = & 1079.756 + 0.4587 \times nm_{t-1} - 295.207 \times gdpr_t \\ & + 156.0692 \times gdpr_{t-1} + 1240.812 \times edupgz_{t-1} \\ & - 346.197 \times hpgdpr_t - 0.4141 \times popgz_{t-1} \end{aligned}$$

参考文献

［1］虞沈冠编著．区域人口预测［M］．南京：南京大学出版社，1991.

［2］向洪，张文贤，李开兴主编．人口科学大辞典［M］．成都：成都科技大学出版社，1994.

［3］李莉著．人口学研究与实践探讨［M］．贵阳：贵州科技出版社，2008.

［4］钟庆才主编．人口科学新编［M］．汕头：汕头大学出版社，2009.

［5］温勇编著．人口统计学［M］．南京：东南大学出版社，2006.

［6］马瀛通著．人口统计分析学［M］．北京：红旗出版社，1989.

［7］高尔生等主编．计划生育统计与评价［M］．北京：中国人口出版社，1992.

［8］刘延年主编．现代人口统计与分析［M］．北京：中国统计出版社，1991.

［9］王桂新著．区域人口预测方法及应用［M］．上海：华东师范大学出版社，2000.

［10］曾毅编著．人口分析方法与应用［M］．北京：北京大学出版社，1993.

［11］欧广源，雷于蓝主编．广东人口发展战略研究［M］．北京：中国人口出版社，2006.

［12］国家应对人口老龄化战略研究，人口老龄化态势与发展战略研究课题组著．人口老龄化态势与发展战略研究［M］．北京：华龄出版社，2014.

[13] 韦艳，董硕，姜全保．中国初婚模式变迁——基于婚姻表的分析［J］．人口与经济，2013（2）：21－28.

[14] 李青，傅颖．美国家庭问题的历史考察［J］．杭州师范学院学报，1996（4）：45－53.

[15] 曾毅，金沃泊，王正联．多维家庭人口预测模型的建立及应用［J］．中国人口科学，1998（5）：2－18.

[16]［美］罗杰斯（A. Rogers）原著．多区域人口学原理、方法和扩展［M］．北京：中国人口出版社，2016.

[17]［美］阿尔温·托夫勒著；朱志焱，潘琪译．第三次浪潮［M］．北京：生活·读书·新知三联书店，1983.

[18] 王桂新，殷永元著．上海人口与可持续发展研究［M］．上海：上海财经大学出版社，2000.

[19] 田丰．中国当代家庭生命周期研究［D］．北京：中国社会科学院研究生院，2011.

[20] 上海社会科学院家庭研究中心编．中国家庭研究［M］．上海：上海社会科学院出版社，2006.

[21] 李建新，刘瑞平，张莉．中国城乡生命表编制方法探析［J］．中国人口科学，2018（3）：62－72＋127.

[22] 朱云成主编．中国城市人口［M］．广州：中山大学出版社，1998.

[23] 蒋正华，史文钊著．可测度的未来基于大数据复杂系统的可持续发展决策系统［M］．北京：中国人口出版社，2016.

[24] 郭秀云著．城市人口发展与风险控制问题研究［M］．上海：上海人民出版社，2010.

[25] 王培安主编．中国特大城市人口规模调控研究报告［M］．北京：中国发展出版社，2014.

[26] 周晓津，张强著．特大城市人口规模调控与比较研究［M］．北京：经济科学出版社，2016.

[27] 翟宝辉著．城市人口综合测算复合生态系统方法在北京的应用

[M]. 北京：中国城市出版社，2016.

[28] [美] 何炳棣著；葛剑雄译 . 1368 – 1953 中国人口研究 [M]. 上海：上海古籍出版社，1989.

[29] 张二力，陈建利 . 考虑避孕因素的胎次持续时间生育模型 [J]. 中国人口科学，1996 (2)：19 – 23.

[30] 张伟然著 . 历史与现代的对接中国历史地理学最新研究进展 [M]. 北京：商务印书馆，2016.

[31] 石晓枫，郑冠凌，兰芬著 . 城市总体规划环境影响评价技术方法及应用研究 [M]. 北京：中国环境出版社，2015. 12.

[32] 郭叶波著 . 中国城市人口吸纳能力研究 [M]. 北京：中国市场出版社，2016.

[33] 周云 . SARS 疫情爆发中流动人口的预防知识与行为的分析研究 [J]. 市场与人口分析，2004 (6)：57 – 62 + 72.

[34] 向云波，王圣云 . 新冠肺炎疫情扩散与人口流动的空间关系及对中国城市公共卫生分类治理启示 [J]. 热带地理，2020，40 (3)：408 – 421.

[35] 晏月平，李忠骥 . 新冠肺炎感染人群的人口学分析——以我国 10 省市区为例 [J]. 人口与发展，2020，26 (3)：73 – 85 + 64.

[36] 许小可，文成，张光耀，孙皓宸，刘波，王贤文 . 新冠肺炎爆发前期武汉外流人口的地理去向分布及影响 [J]. 电子科技大学学报，2020，49 (3)：324 – 329.

[37] 李建军，何山 . 人口流动、信息传播效率与疫情防控——基于新型冠状肺炎 (COVID – 19) 的证据 [J]. 中央财经大学学报，2020 (4)：116 – 128.

[38] 王宣焯，廖聪慧，李志慧，胡欢，程晓敏，李芊璘，陆家海 . 广东省新型冠状病毒肺炎早期流行与时空分布情况初步分析 [J]. 热带医学杂志，2020，20 (4)：427 – 430 + 571.

[39] 姜卫平，黄勇，陈佳鹏主编 . 人口动态与气候变化 [M]. 北京：中国人口出版社，2011.

[40] [日] 大矢根淳，浦野正树，田中淳等编著. 灾害与社会 1 灾害社会学导论 [M]. 北京：商务印书馆，2017.

[41] 张纯元主编；吴忠观副主编. 马克思主义人口思想史 [M]. 北京：北京大学出版社，1986.

[42] 孙大志著. 马克思主义哲学历程的当代启示 [M]. 成都：电子科技大学出版社，2015.

[43] 朱秋莲著. 新中国人口生育政策变迁研究 [M]. 长沙：湖南师范大学出版社，2015.

[44] 杨德清主编；李竞能，曹明国副主编. 人口学概论 [M]. 石家庄：河北人民出版社，1985.

[45] 周云. 质的研究方法对人口学研究的贡献 [J]. 人口与经济，2007 (2)：1-5.

[46] 郦松校等编. 城市经济学教程 [M]. 北京：中国建筑工业出版社，1991.

[47] 方轮，胡艳曦著. 城市社区教育资源开发与整合 [M]. 广州：广东人民出版社，2009.

[48] 罗小锋. 家庭策略视角下的香港-内地跨境家庭维系——基于香港内地移民的实证研究 [J]. 南方人口，2008，23 (4)：21-29.

[49] 刘谦，邹湘江. "是否更幸福?"——有关新生代流动人口生活感受的定量与定性尝试性分析 [J]. 哈尔滨工业大学学报 (社会科学版)，2013，15 (5)：47-56.

[50] 项本武，杨晓北. 我国城市便利性对城市人口增长的影响研究 [J]. 城市发展研究，2017 (2)：146-150.

[51] 谭永宏，曾喆昭. 基于多项式神经网络模型的人口预测方法研究 [J]. 数学的实践与认识，2016 (18)：152-158.

[52] 齐美东，戴梦宇，郑焱焱. "全面放开二孩"政策对中国人口出生率的冲击与趋势探讨 [J/OL]. 中国人口·资源与环境，2016 (9)：1-10.

[53] 翟振武，李龙，陈佳鞠．全面两孩政策下的目标人群及新增出生人口估计［J］．人口研究，2016（4）：35－51.

[54] 米红，杨明旭．含迁移要素的区域人口随机预测方法及其应用——以浙江省宁波市为例［J］．人口与经济，2016（4）：1－9.

[55] 杨心丽，刘骏伟，周为天，秦战．基于经济增长的2040上海市人口预测论证［J］．中国名城，2016（6）：38－44.

[56] 童玉芬，王莹莹．北京市人口动态模拟与政策分析［J/OL］．中国人口·资源与环境，2016（2）：170－176.

[57] 翟振武，李龙，陈佳鞠．全面两孩政策对未来中国人口的影响［J］．东岳论丛，2016（2）：77－88.

[58] 童玉芬，王莹莹．中国流动人口的选择：为何北上广如此受青睐？——基于个体成本收益分析［J］．人口研究，2015（4）：49－56.

[59] 沈巍，宋玉坤．人口预测方法的现状、问题与改进对策［J/OL］．统计与决策，2015（12）：4－9.

[60] 孙焱林，张攀红．人口迁移、地方公共支出与房价相互间的影响［J］．城市问题，2015（5）：90－96.

[61] 王蓓，崔承印，唐志鹏，李晓烨．基于系统动力学模型的北京人口规模预测［J］．北京规划建设，2015（2）：51－55.

[62] 丁雪辰．改进的BP神经网络和灰色模型在人口预测中的应用与比较［A］．第九届（2014）中国管理学年会——管理与决策科学分会场论文集［C］．中国管理现代化研究会、复旦管理学奖励基金会，2014：9.

[63] 黄庆华，姜松．城镇化、门槛效应与房地产价格变动［J］．财经问题研究，2014（11）：99－106.

[64] 张耀军，岑俏．中国人口空间流动格局与省际流动影响因素研究［J］．人口研究，2014（5）：54－71.

[65] 刘玉．中国人口流动格局的十年变迁与思考——基于第五、六次人口普查数据的分析［J］．西北人口，2014（2）：1－5.

[66] 孟令国，李超令，胡广．基于PDE模型的中国人口结构预测研

究［J/OL］. 中国人口·资源与环境，2014（2）：132－141.

［67］王立平. 我国房地产价格“稳健性”影响因素实证研究［J］. 管理世界，2013（10）：184－185.

［68］秦中春. 中国未来人口变化的三大转折点预测——基于年龄移算人口预测模型的分析［J］. 区域经济评论，2013（5）：5－14.

［69］张帆. 产业规划视角下的广州市人口变动研究［A］//中国产业集群研究协调组. 第十二届产业集群与区域发展国际学术会议论文集［C］. 中国产业集群研究协调组，2013：17.

［70］戴丽娜，王青玉. 人口空间分布及迁移影响的实证分析——基于空间计量方法与河南省数据［J］. 统计与信息论坛，2013（4）：61－66.

［71］清华大学社会学系课题组. 北京市人口预测研究［J］. 北京规划建设，2012（4）：69－75.

［72］蒋远营. 基于年龄移算法的人口预测［J］. 统计与决策，2012（13）：82－84.

［73］卞焕清，夏乐天. 基于灰色马尔可夫链模型的人口预测［J］. 数学的实践与认识，2012（7）：127－132.

［74］田飞. 人口预测方法体系研究［J］. 安徽大学学报（哲学社会科学版），2011（5）：151－156.

［75］蒋远营，王想. 人口发展方程模型在我国人口预测中的应用［J］. 统计与决策，2011（15）：52－54.

［76］张丽，吕康银，王文静. 地方财政支出对中国省际人口迁移影响的实证研究［J］. 税务与经济，2011（4）：13－19.

［77］王志福，管杰，苏再兴. 基于logistics模型的中国人口增长预测［J］. 渤海大学学报（自然科学版），2010（4）：326－330.

［78］童玉芬. 北京市水资源人口承载力的动态模拟与分析［J］. 中国人口·资源与环境，2010（9）：42－47.

［79］何春. 马尔萨斯人口模型在广州市人口预测中的应用［J］. 广东工业大学学报，2010（3）：31－34.

［80］陈卫，李敏．中国出生性别比偏高的长期人口后果［J］．人口与发展，2010（4）：33－37＋52.

［81］侯银莉．湖南省人口数量及结构的预测研究［D］．中南大学，2010.

［82］段成荣，杨舸．我国流动人口的流入地分布变动趋势研究［J］．人口研究，2009（6）：1－12.

［83］段成荣，杨舸．中国流动人口状况——基于2005年全国1%人口抽样调查数据的分析［J］．南京人口管理干部学院学报，2009（4）：5－9＋15.

［84］龚敏健，黄晨熹．改革开放三十年我国农村劳动力转移的特征及趋势分析［J］．江西师范大学学报（哲学社会科学版），2009（4）：45－52＋58.

［85］朱兴造，庞飞宇．自回归及logistic离散模型在中国人口预测中的应用［J］．统计与决策，2009（13）：157－159.

［86］周吉节．2000－2005年我国省际人口迁移的分布状况和经济动因研究［D］．上海：复旦大学，2009.

［87］张祺．中国人口迁移与区域经济发展差异研究［D］．上海：复旦大学，2008.

［88］哈斯巴根，宝音，李百岁．呼和浩特市土地资源人口承载力的系统研究［J］．干旱区资源与环境，2008（3）：26－32.

［89］李培，邓慧慧．京津冀地区人口迁移特征及其影响因素分析［J］．人口与经济，2007（6）：59－63.

［90］王春艳，吴老二．人口迁移、城市圈与房地产价格——基于空间计量学的研究［J］．人口与经济，2007（4）：63－67＋58.

［91］李晋玲，刘人境，贺柯柯．陕西省人口迁移与人口城市化系统动力学分析［J］．西安交通大学学报（社会科学版），2007（3）：44－50.

［92］郭庆旺，贾俊雪．中国潜在产出与产出缺口的估算［J］．经济研究，2004（5）：31－39.

[93] 李永胜. 人口预测中的模型选择与参数认定 [J]. 财经科学, 2004 (2): 68-72.

[94] 吴劲军. 人口预测的 BP 神经网络模型 [J]. 统计与决策, 2004 (3): 4-5.

[95] 杨朝勇. 队列要素法与浙江省人口预测 [D]. 杭州: 浙江大学, 2003.

[96] 卜永祥, 靳炎. 中国实际经济周期: 一个基本解释和理论扩展 [J]. 世界经济, 2002 (7): 3-11+80.

[97] 王小鲁. 中国经济增长的可持续性与制度变革 [J]. 经济研究, 2000 (7): 3-15+79.

[98] 王桂新. 中国经济体制改革以来省际人口迁移区域模式及其变化 [J]. 人口与经济, 2000 (3): 8-16+22.

[99] 王桂新. 中国区域经济发展水平及差异与人口迁移关系之研究 [J]. 人口与经济, 1997 (1): 50-56.

[100] 任强, 侯大道. 人口预测的随机方法: 基于 Leslie 矩阵和 ARMA 模型 [J]. 人口研究, 2011, 35 (2): 28-42.

[101] 赵永江, 李学仁, 徐传宝. 河南省土地资源潜力与土地人口承载力系统动力学研究 [J]. 中国人口·资源与环境, 1992 (4): 85-87.

[102] 陈济军. 内蒙古和林格尔县人口合理容量的系统动力学模拟分析 [J]. 干旱区资源与环境, 1991 (1): 66-77.

[103] 王向明. 人口迁移和流动对人口城镇化进程的影响 [J]. 人口与经济, 1988 (2): 19-24+51.

[104] 马尔萨斯. 人口论 [M]. 北京: 北京大学出版社, 2008.

[105] 宋健. 人口预测和人口控制 [M]. 北京: 科学出版社, 1982.

[106] 邓聚龙. 灰色系统基本方法 [M]. 武汉: 华中科技大学出版社, 2005.

[107] 唐宇, 余娇娇. 重庆市人口预测与发展趋势分析 [J]. 现代商贸工业, 2019, 40 (23): 4-8.

[108] Raveastein E G. The laws of migration [J]. Journal of the Statistical Society of London, 1885, 48 (2): 167 –235.

[109] Zipf G K. The P1P2/D Hypothesis on the Intercity Movement of Persons [J]. American Sociological Review, 1946, 11 (6): 677 –686.

[110] Simini F, Gonzalez M C, Maritan A, Barabasi A – L. A universal model for mobility and migration patterns [J]. Nature, 2012, 484: 96 –100.

[111] Bogue D. J. Internal Migration [M]//Hauser P M, Duncan O D. The Study of Population: An Inventory and Appraisal. Chicago: University of Chicago Press, 1959: 486 –509.

[112] Lewis W A. Economic development with unlimited supplies of labor [J]. The Manchester School of Economic and Social Studies, 1954, 22 (2): 139 –191.

[113] Grogger J, Hanson G H. Income maximization and the selection and sorting of international migrants [J]. Journal of Development Economics, 2011, 95 (1): 42 –57.

[114] Stockdale A, Macleod M, Philip L. Connected Life Courses: Influences on and Experiences of 'Midlife' In – Migration to Rural Areas [J]. Population, Space and Place, 2013, 19 (3): 239 –257.

[115] Predojevic – Despic J, Pavlov T, Milutinovic S et al. Transnational Entrepreneurs in the Western Balkans: A Comparative Study of Serbian and Albanian Migrants and Returnees [J]. 2016.

[116] Filippo Simini, Marta C. González, Amos Maritan & Albert – László Barabási. A universal model for mobility and migration patterns, Nature 484 (7392): 10. 1038/nature10856.

[117] Seneta E. Markov and The Birth of Chain Dependence [J]. International Statiscical Review, 1966, 64 (3).

[118] Hall, R. and C. Jones. "Why do Some Countries Produce so Much More Output than Others?", Quarterly Journal of Economics, 1999 (114):

83 - 116.

[119] Berger M C, Blomquist G C. Mobility and destination in migration decisions: The roles of earnings, quality of life, and housing prices [J]. Journal of Housing Economics, 1992, 2 (1): 37 -59.

[120] Potepan M J. Intermetropolitan Migration and Housing Prices: Simultaneously Determined? [J]. Journal of Housing Economics, 1994, 3 (2): 77 -91.

[121] Bijker R A, Haartsen T, Strijker D. Migration to less-popular rural areas in the Netherlands: Exploring the motivations [J]. Journal of Rural Studies, 2012, 28 (4): 490 -498.

[122] Nathan K. Applied Mathematical Demography [M]. Springer Verlag, 2005.